AF474215

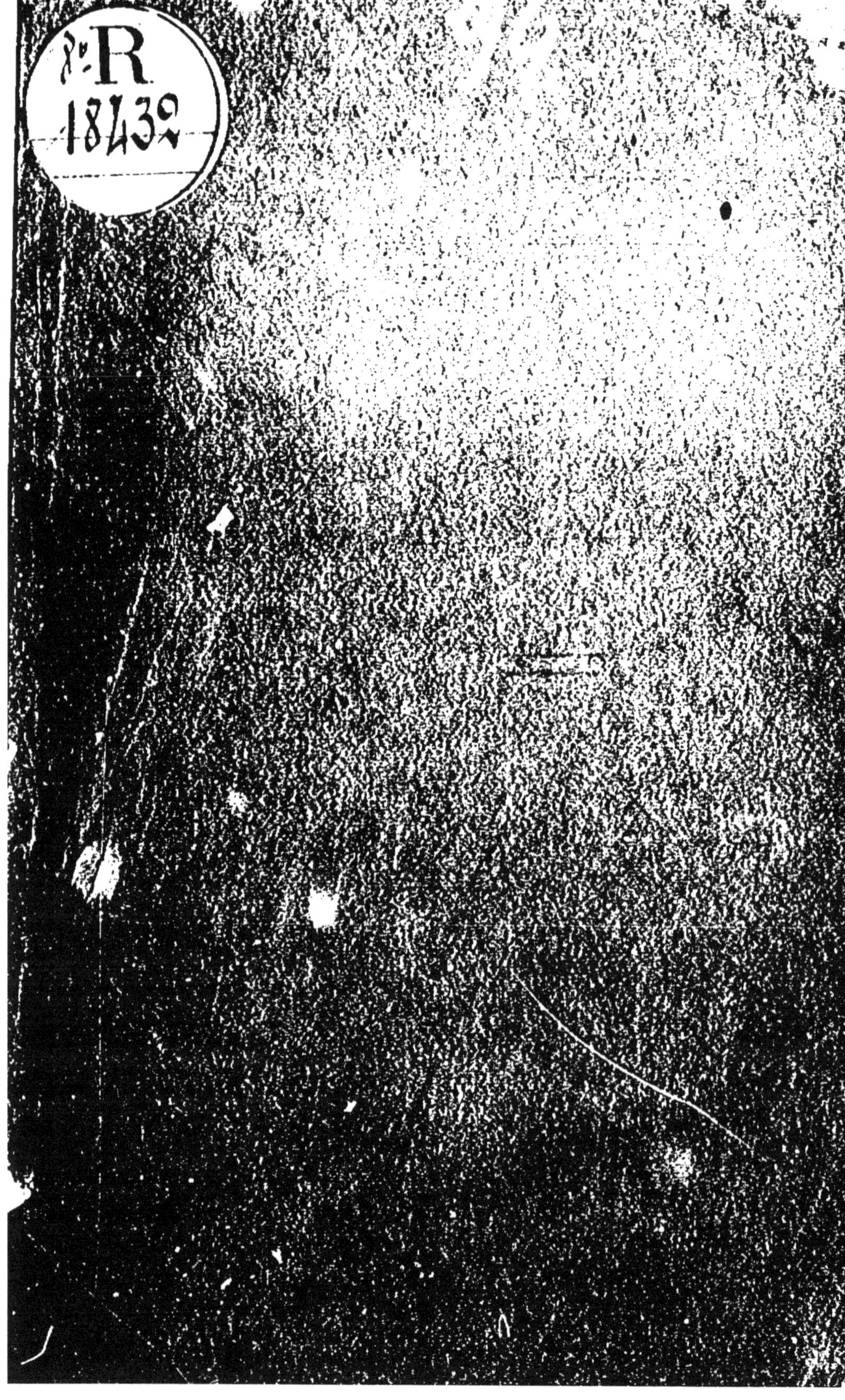
8° R
18432

MANUEL
D'ÉCONOMIE DOMESTIQUE
ET
D'INSTRUCTION MÉNAGÈRE

8° R
18432

N. 1811

COLLECTION D'OUVRAGES CLASSIQUES
RÉDIGÉS EN COURS GRADUÉS
CONFORMÉMENT AUX PROGRAMMES OFFICIELS

MANUEL D'ÉCONOMIE DOMESTIQUE ET D'INSTRUCTION MÉNAGÈRE

PAR

STELLA

CHEZ LES ÉDITEURS

TOURS
ALFRED MAME & FILS
IMPRIMEURS-LIBRAIRES

PARIS
CH. POUSSIELGUE
RUE CASSETTE, 15

1903

Tous droits réservés.

Tout exemplaire qui ne sera pas revêtu des trois signatures ci-dessous sera réputé contrefait.

Les éditeurs,

CHEZ LES MÊMES ÉDITEURS

LECTURE

Livre-Tableau, format in-plano et tableaux de lecture.
Syllabaire, in-18.
Premier Livre de Lecture, in-18.
Vie de N.-S. Jésus-Christ, in-18.
Devoirs du Chrétien, in-12.
Lectures courantes, Cours élémentaire et moyen, 2 vol. in-12.
Lectures instructives (manuscrit), in-12.

LANGUE FRANÇAISE

Abrégé de Grammaire, in-18.
Grammaire française, in-12.
Cours élémentaire d'Orthographe, in-12.
Cours intermédiaire d'Orthographe, in-12.
Cours d'Analyse, in-12.
Exercices orthographiques, 2 vol. in-12.
Leçons de Langue française : Cours préparatoire, élémentaire, moyen, supérieur, 4 vol. in-12.

HIST. SAINTE ET HIST. DE FRANCE

Petite Histoire sainte, in-18.
Histoire sainte illustrée, Cours élémentaire et moyen, 2 vol. in-12.
Histoire sainte illustrée, Cours supérieur, in-12.
Histoire sainte et de France, in-18.
Histoire sainte et de France, in-12.
Histoire de France illustrée : Cours prépar., élément., moyen, supér., 4 vol. in-12.
Chronologie de l'Histoire de France, in-12.

GÉOGRAPHIE

Petite Géographie, in-18.
Géographie : Cours élément., moyen, supérieur, 3 vol. (in-18, in-16, in-12).
Géographie-Atlas, Cours préparatoire, élémentaire, moyen et supérieur, 4 vol. in-4°.
Atlas B, C, D, E, in-4°, contenant : 30, 60, 100, 150 cartes.

MATHÉMATIQUES

Petite Arithmétique, in-18.
Abrégé d'Arithmétique, in-18.
Exercices de Calcul, in-18.
Recueil de Problèmes, in-18.
Petit Système métrique, in-18.
Les Fractions, in-18.
Traité d'Arithmétique décimale, in-12.
Arithmétique, Cours élémentaire, moyen et supérieur, 3 vol. in-18, in-16, in-12.
Recueil de Problèmes, in-12.
Abrégé de Géométrie pratique, Cours élémentaire, moyen et supérieur, 3 vol. in-12.
Manuel d'Arpentage, in-12.
Éléments d'Arithmétique, d'Algèbre, de Géométrie, de Trigonométrie, d'Arpentage, de Géométrie descriptive, de Cosmographie, de Mécanique, 8 vol. in-12.
Tables de logarithmes.

MANUEL
D'ÉCONOMIE DOMESTIQUE
ET
D'INSTRUCTION MÉNAGÈRE

PREMIÈRE PARTIE

PREMIÈRE LEÇON

Étude de l'économie domestique.

1. — Lorsque nous voulons étudier une science nouvelle pour nous, savez-vous, mes enfants, à quoi nous nous appliquons tout d'abord ? Nous voulons avant tout savoir ce qu'est cette science et quel en est l'objet. Puis nous nous demandons si les connaissances qu'elle fournit nous seront utiles ou simplement agréables. Enfin nous voulons connaître les avantages moraux que nous en procurera l'étude. Améliorera-t-elle notre cœur? Nous rendra-t-elle plus exactes à remplir notre devoir ? Prendra-t-elle sa place dans notre vie chrétienne et élèvera-t-elle, au moins de temps en temps, nos âmes jusqu'à Dieu ?

Ces questions, que toute personne de raison et de foi

se pose lorsqu'elle cherche à étendre les limites de son savoir, nous nous les posons au début de notre première leçon sur l'*Économie domestique*, et nous allons essayer d'y répondre.

2. — D'abord, qu'est-ce que l'*Économie domestique?* — C'est la science de la direction d'un ménage, d'une famille. Il ne faut pas croire que le mot *économie* soit pris ici au sens d'épargne, et qu'il signifie seulement l'art de dépenser aussi peu que possible. La signification de ce mot est beaucoup plus large. Quand on dit d'une bonne ménagère : « Elle connaît l'économie domestique, » cela veut dire qu'elle sait employer les meilleurs moyens pour conduire son ménage avec habileté, sagesse et raison.

3. — Beaucoup de personnes prétendent, bien à tort, qu'il n'est nullement nécessaire, ni même utile d'étudier spécialement l'économie domestique lorsqu'on est sur les bancs de l'école. « L'école, disent-elles, doit enseigner à lire, à écrire, à compter, et beaucoup d'autres choses encore qu'on demande dans les examens ou qui peuvent servir pour l'exercice de diverses professions; mais ce n'est qu'auprès de sa mère, et dans sa famille, qu'une jeune fille apprendra bien l'art de diriger un ménage. »

4. — A cela on répond que toutes les jeunes filles n'ont pas une mère qui ait la capacité ou les loisirs nécessaires pour les instruire là-dessus. Il y a même des jeunes filles qui, au temps où elles quitteront la classe, n'auront auprès d'elles personne pour leur donner ces bonnes leçons. Faudra-t-il donc qu'elles restent ignorantes sur des choses si utiles? Faudra-t-il qu'elles soient à jamais privées de ces renseignements dont profiterait toute la famille? Non assurément. Voilà pourquoi, dans les écoles de jeunes filles, on enseigne l'économie domestique.

5. — Les notions que fournit l'économie domestique sont très diverses : d'abord ce qui se rapporte au *ménage*, c'est-à-dire à l'installation d'une maison, à l'entretien et au nettoyage des meubles, planchers, literie, rideaux, etc.; ensuite des indications précieuses sur les moyens de laver, coudre et raccommoder le linge et les vêtements; enfin des recettes pour préparer avec économie les aliments de la famille, de manière que l'appétit de tous soit satisfait, et pour que se réparent le mieux possible les forces des travailleurs ou des malades. A l'économie domestique se joint l'hygiène qui indique ce qu'il faut faire et ce qu'il faut éviter pour se bien porter; pour prévenir les maladies, que la sobriété, la tempérance, la propreté, éloignent souvent de nous.

Vous voyez, mes enfants, qu'elle est très vaste et très utile, cette science modeste de l'économie domestique; nous serions bien maladroites si, par je ne sais quel sot amour-propre, nous prétendions n'avoir pas besoin de l'étudier.

6. — Il y a encore une raison, — et l'une des plus sérieuses, — qui doit nous inviter à nous y appliquer; c'est que *l'économie domestique devient facilement une science de bonté et de charité.* Toutes les autres études : histoire, mathématiques, physique, chimie, etc., peuvent être en un sens des sciences égoïstes, c'est-à-dire récréant notre intelligence sans la préoccuper d'autrui, mais celle-ci s'exerce par amour du prochain, et spécialement par amour et dévouement pour notre famille. Une bonne ménagère ne se donne autant de peine que parce qu'elle travaille pour le bonheur de ceux qui lui sont chers. Si elle s'applique à l'épargne de tous les instants, à des nettoyages ennuyeux, à des coutures fastidieuses, c'est qu'elle est soutenue par ces deux pensées : « Je veux rendre heureux ceux qui m'entourent, » — « En travaillant ainsi, je remplis le pre-

mier devoir pour lequel Dieu m'a mise sur la terre; je pratique une des vertus qui lui sont le plus agréables dans une femme, c'est-à-dire la simplicité de cœur, par laquelle on s'attache sans discuter à la tâche journalière, et on la remplit avec exactitude sous le regard de Dieu, qui nous l'a tracée. »

Voilà, mes enfants, ce qu'est l'économie domestique et comment il faut en comprendre l'étude pour en retirer les fruits de bien-être matériel et de noble sagesse qu'elle apporte à qui la considère comme un complément des études chrétiennes.

Lorsque Notre-Seigneur, visitant Marthe et Marie, semblait blâmer Marthe de s'occuper d'autre chose que de sa divine parole, il ne méprisait point cependant les soins matériels; mais il voulait nous faire entendre que les occupations ne valent que par la piété qui les dirige et les sentiments religieux qu'elles éveillent en nous.

EXERCICES PRATIQUES

QUESTIONS : 1. A quoi doit-on s'appliquer tout d'abord quand on étudie une science pour la première fois? — 2. Qu'est-ce que l'*Économie domestique?* — Les notions qu'elle nous fournit nous sont-elles bien utiles? — 3. N'y a-t-il pas des personnes qui prétendent qu'elle ne peut être enseignée à l'école? — 4. Que peut-on répondre à cela? — 5. Énumérez rapidement les notions que fournit l'économie domestique. — 6. Quelle est, de toutes les raisons, la meilleure à donner pour faire comprendre la haute valeur morale de cette étude?

RÉDACTION. — Une de vos amies n'a pu entrer cette semaine à l'école, et vous a priée de la tenir au courant de ce qui s'y est dit de nouveau. Écrivez-lui. Parlez-lui de la première leçon d'économie domestique qu'on vous a donnée, et dites-lui ce que vous en avez retenu.

DEUXIÈME LEÇON

Devoirs de la bonne ménagère.

1. — On croit généralement qu'il est très difficile d'être une bonne ménagère, et que, pour devenir telle, il faut posséder des qualités ou acquérir des vertus toutes spéciales. Il n'en est rien. Pour être une bonne ménagère, il suffit de pratiquer les devoirs généraux de toute femme qui, dans cette vie, remplit une tâche dont l'accomplissement parfait lui méritera des récompenses dans l'autre monde.

Cette tâche, ces devoirs, sont assurément plus impérieux quand on a la charge d'une famille que lorsqu'on est seule; mais l'obligation est la même, et les devoirs généraux ne varient pas.

2. — Ces devoirs sont au nombre de quatre : la *ponctualité*, l'*ordre*, l'*économie dans les dépenses*, l'*épargne*. Ajoutons qu'il est encore du devoir d'une ménagère de remplir sa besogne journalière avec bonne humeur, ce qui augmentera le bonheur de sa famille.

3. — La *ponctualité* consiste à faire un travail à l'instant convenable. Par exemple, une bonne ménagère passe en revue les vêtements d'hiver de la famille vers la fin de l'automne, et n'attend pas que les grands froids aient commencé pour s'occuper de ce soin. Elle se lève assez tôt pour avoir le temps d'aller au marché et de préparer les repas pour l'heure dite, etc. Le manque de ponctualité en ces diverses circonstances peut devenir très préjudiciable aux personnes de la famille, qui ne disposent que de peu de temps pour s'occuper d'elles-mêmes ou pour prendre leurs repas.

4. — L'*ordre* est d'une nécessité absolue pour toute

ménagère, qu'elle soit riche ou pauvre. Il ne consiste pas seulement à bien ranger chez soi tous les objets mobiliers, le linge, les vêtements, etc., mais encore à bien distribuer le temps dont on dispose. Pour cela, il faut prévoir ce que l'on doit faire, et exécuter ensuite en temps opportun tout ce qu'on a prévu. On travaille avec désordre quand on quitte une occupation pour une autre, avant d'avoir achevé ce que l'on faisait tout d'abord. On manque d'ordre lorsqu'on ne remet pas les choses à leur place aussitôt après qu'on s'en est servi, ou encore lorsqu'on ne cherche pas à se rendre compte, la plume à la main, de ses recettes et de ses dépenses pour les bien équilibrer.

5. — L'*économie* s'impose à une bonne ménagère, et s'exerce en toute occasion : en cuisine, par exemple, n'employant pas plus de beurre qu'il ne faut pour cuire les mets, ne laissant perdre aucun reste, etc. C'est encore de l'économie que de raccommoder un vêtement aussitôt qu'il en a besoin, sans attendre qu'il soit irrémédiablement déchiré; ou encore de soigner de très près les meubles de la maison, de les cirer, de les frotter, pour les entretenir et prolonger leur durée.

Mais c'est surtout dans les dépenses nécessaires que s'exerce l'économie d'une maîtresse de maison. Elle n'épargne pas sa peine quand il s'agit d'aller de magasin en magasin pour acheter à meilleur marché ce dont elle a besoin; et surtout elle évite les dépenses inutiles, les colifichets de coquetterie, les bibelots qui encombrent un appartement et qui ne représentent jamais en valeur réelle ce qu'ils ont coûté en argent. Que de familles ont été ruinées par les sottes dépenses ou la prodigalité inutile de la ménagère !

6. — Enfin une bonne maîtresse de maison doit considérer l'*épargne* comme un grand devoir. Et c'en est un, en effet, surtout à notre époque où le travail du len-

demain n'est pas toujours assuré, même au plus méritant des travailleurs. Oui, épargner est un devoir social autant qu'un devoir de famille. La bonne mère de famille donnera donc l'exemple de l'épargne en prélevant chaque semaine, chaque mois, sur les salaires de ceux qui travaillent, une somme plus ou moins forte, mais toujours précieuse, qu'elle placera à la Caisse d'épargne. N'y pourrait-elle mettre que quelques sous par semaine, à peine quelques francs par mois, elle remplirait son devoir, car elle donnerait ainsi à chacun l'habitude et l'exemple de l'épargne.

7. — Vous avez souvent entendu dire, mes enfants, que rien n'était plus agréable à rencontrer que la vertu aimable chez une personne.

Cela s'applique exactement aux devoirs, aux vertus de la bonne ménagère. Une maîtresse de maison qui remplit son devoir avec entrain et bonne humeur est un trésor. Son exemple donne du courage à ceux qui seraient près d'en manquer; elle est comme le rayon de soleil qui illumine une demeure; elle est à la fois la gaieté et la force, la joie qui fait sourire, la raison qui rend honnêtes et bons ceux qui ont le bonheur de vivre auprès d'elle.

EXERCICES PRATIQUES

QUESTIONS : 1. Est-il bien difficile d'être une bonne ménagère? — 2. Quels sont les principaux devoirs d'une ménagère? — 3. En quoi consiste la ponctualité? Donnez-en des exemples. — 4. L'ordre est-il bien nécessaire? En quoi consiste-t-il? Quels rapports a-t-il avec la prévoyance? Donnez des exemples d'ordre. — 5. Comment peut s'exercer l'économie d'une bonne ménagère? — 6. L'épargne est-elle un devoir de famille? Est-elle un devoir social? Pourquoi faut-il ne pas craindre de mettre de côté même les plus petites sommes? — 7. La bonne humeur habituelle d'une maîtresse de maison n'a-t-elle pas d'excellents résultats?

RÉDACTION. — Montrez que la ponctualité, l'ordre, l'économie et l'épargne sont quatre importants devoirs d'une maîtresse de maison.

TROISIÈME LEÇON

Les petits nettoyages de chaque jour.

1. — Une maison n'est bien tenue que si, en dehors des nettoyages sommaires de chaque jour, on nettoie à fond de temps en temps chacune des pièces de l'appartement.

On peut consacrer à ce nettoyage complet la journée du samedi, afin que le dimanche la maison ait un certain air de fête.

On peut aussi distribuer la besogne en deux jours; ou encore faire un sérieux nettoyage d'une pièce chaque jour de la semaine, à peu près de la manière suivante

Lundi. — Nettoyage à fond de la chambre à coucher.
Mardi. — Nettoyage à fond de la salle à manger.
Mercredi. — Escaliers, couloirs.
Jeudi. — Cuisine.
Vendredi. — Autres chambres.
Samedi. — Salon.

2. — Pour *faire un nettoyage à fond,* on lave les vitres et les boiseries; on époussette les murs, les tableaux; puis on lave le plancher, ou l'on y passe la cire. Enfin on fait briller les objets en cuivre, flambeaux, lampes, etc., contenus dans la pièce dont on s'occupe.

3. — Quand c'est une chambre à coucher que l'on *fait à fond,* on bat la literie : matelas, oreillers, tapis, qu'on expose au grand air si c'est possible; on secoue également les draps, les couvertures, les rideaux; on balaye sous tous les meubles, on essuie les moindres objets, les plus petits bibelots.

Nous dirons plus loin comment on *fait à fond* la cuisine, et nous consacrerons deux leçons entières à cette question. (Voir page 12 et page 105.)

Outre ces nettoyages qui se renouvellent chaque

Fig. 1. — Le nettoyage.

semaine, il y a ceux de chaque jour. Ce sont le balayage et l'époussetage, l'entretien du fourneau, de l'évier, de la batterie de cuisine, le lavage de la vaisselle, des objets servant à la toilette.

4. — Pour bien balayer, on traine le balai sur le par-

quet, mais on ne donne pas des coups sur celui-ci, ce qui soulève et fait voler la poussière un peu partout.

5. — Pour épousseter convenablement, il ne faut pas non plus donner des coups rapides avec le plumeau, car on ne ferait que déplacer la poussière. Il faut traîner le plumeau sur les meubles de manière que la poussière demeure entre les barbes des plumes et soit enlevée; on achève ensuite en essuyant avec un torchon doux.

6. — On entretient en bon état le *fourneau* de la cuisine, à l'aide d'un chiffon enduit d'une pâte d'huile de lin et de plombagine.

7. — L'*évier* est rendu propre à l'aide de sable fin qu'on frotte sur la pierre avec une brosse trempée dans de l'eau de savon noir.

8. — Si l'on a une *batterie de cuisine* en cuivre, on doit l'entretenir en grande propreté avec beaucoup plus de soin qu'une batterie en fer battu, à cause des dangers d'empoisonnement que présente le cuivre. Celui-ci est maintenu en bon état avec du tripoli ou de l'*eau de cuivre*. Le fer battu est rendu brillant avec du sable fin, puis du blanc d'Espagne (qu'on appelle aussi *blanc de Meudon* ou *blanc de Troyes* et qui n'est autre que de la craie pulvérisée).

9. — On lave la vaisselle avec de l'eau *non bouillante* dans laquelle on a fait fondre quelques petits cristaux de soude (carbonate de soude). On a soin de ne plonger les assiettes et les plats dans l'eau chaude qu'après les avoir débarrassés, à l'aide d'un couteau, des débris qu'ils contiennent, qu'on a remportés de la table et qui doivent être jetés à part, afin que l'eau du lavage se maintienne à peu près claire jusqu'à la fin de l'opération.

10. — Les objets servant à la toilette, cuvettes, pots à l'eau et autres objets de porcelaine doivent être nettoyés

chaque matin. Le mieux serait que chaque personne prît elle-même ce soin, ce qui est l'affaire de quelques minutes, et qui simplifie considérablement la tâche de la maîtresse de maison. On passe de l'eau claire dans la cuvette où l'on s'est lavé les mains, on l'essuie avec la serviette de toilette, ainsi que le pot à l'eau, extérieurement et intérieurement. On lave et on essuie de même le porte-brosses, le porte-savon, le verre qui sert au nettoyage des dents. Quant aux peignes, on les entretient toujours en bon état, si on a le soin de les savonner et de les rincer à l'eau claire de temps en temps, après s'en être servi. Mais, s'ils nécessitent un nettoyage plus complet, on les fera tremper dans de l'eau aiguisée d'un peu d'alcali, ou mieux encore dans de l'eau chaude où l'on a mis à fondre quelques cristaux de soude; ainsi ils deviendront facilement très propres.

EXERCICES PRATIQUES

QUESTIONS : 1. Que faut-il faire pour avoir une maison bien tenue? — Comment peut-on s'y prendre pour faire le nettoyage *à fond* de toute la maison? — 2. Comment fait-on un nettoyage *à fond* d'une pièce? — 3. Comment *fait-on* une chambre, une salle à manger, une cuisine, à fond? — 4. Comment doit-on balayer? — 5. Comment faut-il épousseter? — 6. Comment nettoie-t-on le fourneau? — 7. l'évier? — 8, la batterie de cuisine? — 9. Comment lave-t-on la vaisselle? — 10. Quand faut-il nettoyer les objets de la table de toilette, et quels moyens prend-on pour cela?

RÉDACTION. — De tous les nettoyages à faire dans une maison, lesquels vous paraissent les plus utiles? Dites comment vous vous y prendriez pour les réussir.

QUATRIÈME LEÇON

Le nettoyage de la cuisine.

1. — Le nettoyage de la cuisine est plus complexe que celui des autres pièces de l'appartement à cause du nombre d'objets de toutes sortes qu'on y trouve, et aussi parce que la cuisine, par sa destination même, exige des

Fig. 2. — Les soins de propreté à la cuisine.

soins plus minutieux qu'une chambre ou une anti-chambre par exemple.

Il est d'usage de nettoyer à fond la cuisine une fois par semaine, comme nous l'avons dit; mais, outre ce nettoyage, il faut chaque jour la tenir en bon état et s'y appliquer avec soin. En passant, faisons remarquer que la plupart des ménagères ont le grand tort de ne pas tenir compte de leur fatigue ou de leur temps en matière de nettoyage. Elles n'ont pas encore achevé de ranger les choses qu'elles les ont déjà salies; de telle sorte que, pour entretenir en bon état leur cuisine, il leur faudrait sans cesse être en récurages, frottages, etc.

2. — Le mieux, c'est de salir le moins possible, ce qui n'est pas très difficile à réaliser avec un peu d'attention et de bonne volonté. Vous épluchez des légumes : au lieu de jeter à terre ou de laisser traîner sur la table vos épluchures, recueillez-les sur une assiette, dans du papier, au fur et à mesure que vous les détachez des légumes ou des fruits. Le travail terminé, videz l'assiette ou jetez le paquet des épluchures dans la boîte ou le panier destiné à les contenir. — Vous savonnez du linge ou vous lavez la vaisselle dans l'évier : n'éclaboussez pas votre fourneau, votre table, le plancher, le mur même près duquel vous vous trouvez. — Vous récurez des casseroles : ne jetez pas, un peu partout, le sable dont vous vous servez, mais étendez par terre un ou plusieurs torchons déjà salis; ainsi le plancher sera préservé et vous n'aurez pas la peine de le laver une fois de plus, ou l'ennui de le voir tout souillé jusqu'à votre prochain nettoyage *à fond*.

3. — Un axiome courant en matière d'économie domestique, c'est : « Ne pas salir pour ne pas nettoyer. » Il faudrait toujours se le rappeler, sans toutefois l'exagérer.

4. — Cela dit, voyons comment nous nous y prendrons pour rendre notre cuisine bien propre et bien jolie, oui, vraiment jolie, grâce à l'ordre parfait qui y règne et à la brillante apparence des moindres objets.

D'abord, nous débarrasserons entièrement les buffets, placards, armoires, de leur contenu. Nous épousseterons avec soin les étagères, nous les laverons s'il est utile, et nous y disposerons à nouveau les objets qui s'y trouvaient.

Si le buffet est en bois blanc, avant de le garnir, nous le brosserons avec une brosse dure trempée dans de l'eau de carbonate de soude très chaude ou dans de l'eau de savon noir. Ce lavage doit être intérieur et extérieur. Ensuite on rince avec de l'eau claire, et on essuie avec un torchon de toile rude. S'il reste quelque tache ou trace de malpropreté, on lave avec de l'eau de Javel étendue d'eau claire.

Si les portes et les boiseries sont peintes et si elles ont besoin d'être nettoyées, on se servira de pierre ponce en poudre qu'on étendra sur la partie malpropre à l'aide d'un chiffon humide; on frottera doucement. La peinture sera rendue propre sans être altérée.

On opérera pour le dessus de la cheminée comme pour l'intérieur des armoires. On fera de même pour les étagères.

5. — Les vitres des fenêtres de cuisine doivent être tenues fort claires, qu'elles aient ou n'aient pas de rideaux. Ceux-ci masquent trop souvent l'insuffisance du nettoyage, et, d'autre part, la plus grande quantité de lumière possible étant une condition d'agrément et d'utilité dans une cuisine, on pourra fort bien se dispenser de toute mousseline, étamine ou autre étoffe tendue devant le vitrage de la fenêtre. Si l'on tient absolument à avoir des rideaux, on n'oubliera pas qu'ils doivent être toujours parfaitement blancs et que, par conséquent, c'est une grande charge de les entretenir tels. Il faudra les changer à la moindre souillure, et pour cela en avoir une provision qu'on emploiera sans compter.

Nous avons dit ailleurs (voir la 3e leçon) comment on nettoyait le fourneau, l'évier, les casseroles; ajoutons que les poêles, les grils, et tous les plats en tôle, en fonte, en fer battu, que l'usage a noircis, se nettoient à l'aide d'eau de carbonate de soude, s'ils sont gras, et qu'ils sont entretenus brillants *extérieurement* avec la composition dont on se sert pour le fourneau. Ouvrons ici une parenthèse pour dire que les bouillottes seront entretenues brillantes et qu'on les débarrassera de toute souillure de charbon ou de noir de fumée en les frottant *extérieurement* avec un chiffon imbibé de pétrole. Il est bien entendu qu'elles ne seront ensuite exposées au feu que parfaitement essuyées.

6. — Quand toutes les parties qui composent la cuisine ou son mobilier auront été ainsi mises en bon état, on lavera le plancher ou le carrelage. C'est par cette opération qu'on terminera. Ce lavage ne se fait à grande eau et à l'aide d'une brosse emmanchée, que lorsque la cuisine est grande et lorsqu'elle a une issue sur un jardin, une cour, où l'eau peut s'écouler. Dans les cuisines des appartements de villes, ce lavage se fait plutôt à la brosse et à la main. La personne qui lave le plancher ou carreau se met à genoux, trempe la brosse dans une terrine pleine d'eau tiède, frotte la portion qui est devant elle, la frotte à nouveau avec de l'eau plus claire, ramasse cette eau avec une éponge ou un chiffon de molleton faisant l'office d'éponge, rince le chiffon, le tord et essuie la partie nettoyée. Elle recommence les mêmes opérations un peu plus loin, en ayant soin de faire ce lavage en allant en arrière, de manière que la partie lavée se trouve toujours *devant* elle. Ainsi cette partie a le temps de sécher avant qu'on ait besoin d'y marcher.

C'est une joie pour une bonne maîtresse de maison que de voir sa cuisine bien propre, bien rangée, où règnent l'ordre parfait et cette espèce d'harmonie qui, d'une réunion d'objets vulgaires, fait un tout réjouissant pour le regard.

EXERCICES PRATIQUES

QUESTIONS : 1. Pourquoi faut-il nettoyer la cuisine avec grand soin? — 2. Donnez quelques exemples de la manière dont il faut procéder pour ne pas trop salir une cuisine. —

3. Rappelez l'axiome en usage quand il s'agit de nettoyages. — 4. Expliquez la manière de nettoyer à fond une cuisine. — 5. Faut-il mettre des rideaux aux vitrages d'une cuisine? — 6. A quel moment lave-t-on le plancher ou carrelage de la cuisine?

RÉDACTION. — Dites ce que vous pensez d'une maîtresse de maison qui entretient avec la plus grande activité la propreté et l'ordre dans sa cuisine.

CINQUIÈME LEÇON

Soins à donner aux meubles.

Nous avons vu (page 14) comment on entretient parfaitement propres les meubles en bois blanc. Voyons aujourd'hui comment on conserve en bon état le mobilier complet d'un appartement.

1. — Quant au genre de nettoyage qu'ils nécessitent, les meubles sont de deux sortes : cirés ou vernis.

2. — Les meubles cirés sont surtout des meubles en bois massif, c'est-à-dire non plaqués ou d'un plaquage beaucoup plus épais et beaucoup plus solide que celui employé pour les meubles vernis. Ils sont préférables à ces derniers dans la plupart des cas, à cause de leur durée toujours plus grande et du peu de réparations qu'ils nécessitent. Tous les meubles anciens que l'on admire encore pour la beauté de leur bois et leur grande solidité sont des meubles massifs et cirés. Ils sont ordinairement en chêne, en noyer, deux bois qui deviennent très beaux en vieillissant : le premier, qui conserve des veines d'un ton plus clair que le fond ; le second, qui noircit plus encore, et dont le grain serré permet les fines sculptures.

3. — Que les meubles soient en noyer ou en chêne, l'entretien est le même s'ils sont massifs et cirés. Le marchand les livre parfaitement brillants; il faut qu'ils restent ainsi. Pour cela, on les époussette chaque jour au

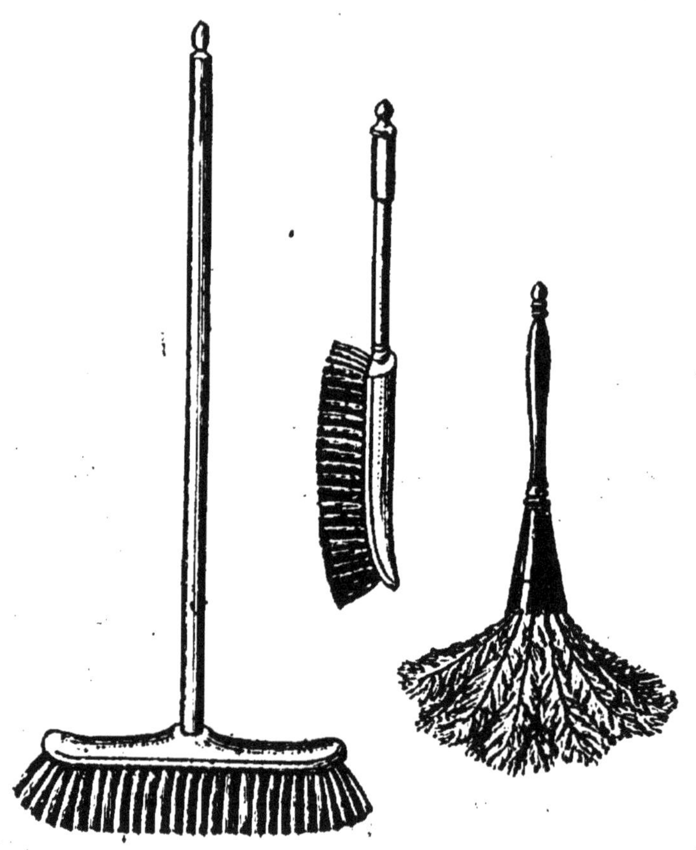

Fig. 3. — Balai de crin, balai à main et plumeau.

plumeau, et on les frotte ensuite avec un chiffon de laine. S'ils sont sculptés, on emploie pour les faire reluire une brosse spéciale en crin, dont les angles arrondis sont entourés d'une bande de caoutchouc, sorte de bourrelet destiné à amortir les chocs qui pourraient détériorer les sculptures.

4. — Tous les mois, tous les quinze jours au plus, on

passe sur les meubles cirés un chiffon légèrement enduit d'*encaustique*. Une précaution qu'il faut absolument prendre, c'est d'enlever avec un plumeau et avec un chiffon toute la poussière avant de passer l'encaustique. Faute d'agir ainsi, on raye les meubles d'une façon irréparable.

5. — L'encaustique est une préparation formée de cire jaune et de térébenthine. Pour préparer l'encaustique, on coupe la cire par très petits copeaux au-dessus d'un vase étroit et profond; là-dessus on verse de la térébenthine en quantité suffisante pour que la cire soit bien couverte. Douze heures après, la cire doit s'être fondue et former une pâte épaisse. Alors, si cela est utile, on ajoute de la térébenthine et on laisse encore douze heures. Il faut que le mélange atteigne la consistance d'une bouillie peu épaisse. Il serait fort imprudent de faire cette opération près du feu ou d'un fourneau allumé.

6. — Quand l'encaustique est passée sur un meuble, on la laisse sécher quelques instants, puis on frotte avec un chiffon de laine, flanelle ou molleton, à moins qu'on n'emploie à cet usage une brosse spéciale.

7. — Pour les meubles vernis, on se contente de les épousseter avec le plus grand soin. On ne les essuie qu'après avoir enlevé toute poussière, car pour eux, plus encore que pour les meubles cirés, les rayures que l'on ferait seraient ineffaçables. S'ils sont un peu défraîchis, on les frotte avec un chiffon imbibé d'alcool pur ou d'essence de pétrole, ou d'un mélange d'huile de lin et d'essence de térébenthine.

8. — Parfois les meubles sont tachés de bougie, et l'on est fort embarrassé pour enlever ces taches, qui laissent après elles des traces. Il suffit de verser sur la tache de l'alcool très pur ou de l'éther sulfurique. La bougie se

dissout sous l'influence du liquide et la tache semble s'évaporer.

On assure aussi que les meubles vernis, les objets laqués, comme les plateaux, sont rendus nets par un lavage fait avec de l'eau de son tiédie ou de l'eau de marc de café.

Les procédés employés pour entretenir les meubles sont employés aussi pour les parquets cirés. Mais, au lieu de faire briller ceux-ci à l'aide de l'encaustique seulement, on se sert de cire sèche qu'on passe à l'aide d'un bâton spécialement disposé pour cet usage. On frotte ensuite avec une brosse qu'on fixe au pied à l'aide d'une bride. On se sert d'un chiffon de laine qu'on promène partout avec le pied ou le balai, pour achever de rendre le parquet tout à fait brillant et le débarrasser de toute poussière.

EXERCICES PRATIQUES

QUESTIONS : 1. Emploie-t-on les mêmes procédés pour nettoyer les meubles cirés et les meubles vernis? — 2. Pourquoi les meubles cirés sont-ils généralement plus solides que les meubles vernis? — 3. Comment sont-ils entretenus brillants? — 4. Quel soin faut-il prendre avant de les frotter à l'encaustique? — 5. Comment prépare-t-on l'encaustique? — 6. Faut-il cirer un meuble aussitôt après qu'on l'a frotté d'encaustique? — 7. Comment nettoie-t-on les meubles vernis? — 8. Comment enlève-t-on les taches de bougie sur les meubles vernis? Comment peut-on procéder encore? Comment entretient-on les parquets brillants?

RÉDACTION. — Une de vos amies s'apprête à acheter un buffet de salle à manger. Elle hésite entre un meuble en noyer ciré et un meuble en noyer verni. Elle vous a demandé conseil. Que lui répondez-vous?

SIXIÈME LEÇON

Lessive et savonnage.

1. — Les grandes lessives d'autrefois ne se font plus guère que dans les campagnes, où une installation de buanderie complète favorise ce genre d'opération. En ville, et surtout dans les appartements des villes, les lessives se font à l'aide d'appareils automatiques dans lesquels le linge à laver est plongé et arrosé sans cesse par un liquide bouillant, solution de carbonate de soude et de savon. Hâtons-nous d'ajouter que cela ne vaut pas la lessive de cendres qu'on faisait jadis, et qui laissait le linge à la fois blanc et parfumé d'une bonne odeur rustique.

2. — Quel que soit le procédé qu'on emploie pour lessiver le linge, le principe primordial du blanchissage est le même. Le linge doit être d'abord savonné fortement à l'eau froide ou à peine tiède; ensuite il est disposé soit dans le cuvier, soit dans la lessiveuse automatique. On a soin de placer en dessous le linge le plus malpropre. Cela fait, on verse sur le linge une eau tiède d'abord, puis de plus en plus chaude, dans laquelle on a fait bouillir de la cendre de bois (enfermée dans un sac) ou des cristaux de carbonate de soude. L'eau qui s'écoule du cuvier après avoir pénétré le linge est recueillie dans des sortes de baquets, réchauffée à nouveau, si elle n'est pas trop souillée et à nouveau encore versée sur le linge.

Quand il s'agit d'appareils automatiques, la solution versée tiède sur le linge disposé dans la lessiveuse, est échauffée peu à peu grâce au feu sur lequel l'appareil est placé, et elle arrose d'elle-même le linge par un mouvement d'ascension et de descente provoqué par l'ébullition.

Lorsque le linge est ainsi resté en contact avec l'eau bouillante pendant une demi-journée, on le laisse refroidir. Puis on le retire de l'appareil ou du cuvier, on le lave au savon en le frottant, on le rince à plusieurs

Fig. 4. — La buanderie.

eaux pour enlever toute trace de souillure et on peut le *passer au bleu.*

3. — Le « bleu » des blanchisseuses est une solution de cobalt préparé en boulettes ou en petites plaques et qui, dissous dans l'eau, lui donne une jolie teinte bleue. Le linge trempé dans cette eau, puis tordu, est ramené au beau blanc de linge neuf, que la lessive lui a fait perdre en le jaunissant un peu.

4. — Quand le linge a été passé au bleu, on l'étend

sur des cordes spéciales, *qui ne doivent pas servir à autre chose.* S'il fait un peu de vent là où il est étendu, on le fixe pièce par pièce sur la corde à l'aide de petites chevilles de bois qui le retiennent et l'empêchent de tomber à terre. Autant que possible, il faut étendre le linge au grand air et au soleil. Si l'on dispose d'une prairie, il est mieux encore étendu sur l'herbe que sur une corde.

5. — Dans les villes, où, pour des raisons diverses, on ne peut pas toujours faire de lessives, on donne aux blanchisseuses de campagne le gros linge de maison et on savonne chez soi le linge fin. C'est une bonne précaution. Pour cela on *essange* (premier savonnage à l'eau froide ou tiède) le linge, puis on le fait bouillir à feu doux dans une marmite, un chaudron, une bassine quelconque, avec eau de carbonate et savon. Cela dure une heure ou deux. Ensuite on procède comme nous l'avons dit pour le reste de l'opération.

Ces petits savonnages faits à la maison sont fort économiques. Ils ont de plus l'avantage de ne pas détériorer ni brûler le linge. Puis, ils permettent d'entretenir un ménage avec une petite quantité de linge. Tout cela n'est pas à dédaigner.

Les ménagères soigneuses font ou font faire ce petit service tous les lundis. Le samedi soir on met le linge sale dans une terrine et on verse par dessus de l'eau froide ou à peine tiède dans laquelle on a fait dissoudre un peu de savon. Ainsi, il se nettoie pour ainsi dire de lui-même pendant trente-six heures, et le lundi, quand on le savonne, on n'a pas grand besoin de frotter pour le faire devenir propre.

6. — REMARQUE. L'important, dans les lavages, c'est de ne *jamais* employer d'eau *chaude* pour le premier nettoyage du linge. Faute de cette précaution, on « cuit » les taches, comme disent les blanchisseuses, c'est-à-dire

qu'on les fixe d'une manière presque indélébile. Autre recommandation : quand on passe le linge au bleu, veiller à ce que le bleu soit bien fondu et à ce qu'il n'en reste pas de petits débris solides qui, en s'écrasant contre le linge, le tacheraient de bleu de distance en distance.

EXERCICES PRATIQUES

QUESTIONS : 1. Quels sont les deux procédés, ancien et moderne, qu'on emploie pour le blanchissage du linge? — Quels sont les éléments dont on se sert pour blanchir le linge? — 2. Quel est le principe primordial en matière de blanchissage? — Comment s'y prend-on pour faire la lessive à la cendre de bois et la lessive au carbonate de soude? — 3. Qu'est-ce que le « bleu »? Comment passe-t-on le linge au bleu? — 4. Comment étend-on le linge pour le faire sécher? — 5. Comment fait-on un petit savonnage? — 6. Quelles sont les précautions qu'il faut prendre : 1° quand on commence à laver le linge; 2° quand on le passe au bleu?

RÉDACTION. — Vous avez vu faire la lessive à la campagne et vous l'avez vu faire à la ville. Dites en quoi les deux opérations diffèrent ou se ressemblent.

SEPTIÈME LEÇON

Le repassage du linge.

1. — Voici notre linge lavé, séché et *contre-plié* [1], comme disent les blanchisseuses. Il nous faut le repasser, mais il est bien entendu qu'avant cette opération il aura été visité et raccommodé.

[1] *Contre-plier* le linge, c'est le plier sommairement quand il est sec ou presque sec, de manière qu'il soit plus aisé à ranger en bon ordre et plus facile à entasser dans un petit espace avant le repassage.

Nous procédons d'abord au triage du linge : *linge plat*, c'est-à-dire qui sera repassé sans être empesé, et *linge empesé*.

En pliant avec beaucoup de soin les mouchoirs, les serviettes de toilette, les serviettes de table communes, il est inutile et plus sain de ne pas les repasser.

2. — Lorsque le linge que l'on doit repasser est trop sec, ce qui arrive parfois en été, quand il sèche vite au grand soleil, on prend les *pièces* une à une, on les étend sur une table *très propre* et on les asperge du bout des doigts avec de l'eau froide également très propre. On les roule ensuite de manière que l'humidité se conserve bien jusqu'au moment du repassage.

3. — On prépare ensuite l'amidon pour le linge à empeser.

Voici une recette nouvelle et excellente pour bien faire l'amidon du repassage :

Pour un litre d'eau, on prend quatre-vingts grammes d'amidon qu'on fait fondre dans l'eau froide. C'est ce qu'on appelle l'amidon cru. On place sur le feu la casserole qui le contient et on le fait chauffer en tournant toujours avec une cuiller en bois, comme si on faisait une crème; l'amidon épaissit. Lorsqu'il est arrivé à la consistance qu'on désire, c'est-à-dire à la consistance de la colle de pâte, on le retire du feu et on l'éclaircit avec de l'eau tiède, de manière à le rendre assez liquide pour pouvoir y tremper le linge comme dans de l'eau ordinaire.

4. — Si l'on veut donner au linge beaucoup de brillant et de glacé, on ajoute à l'empois, pendant qu'il cuit, un petit morceau de bougie de première qualité (vingt grammes par litre). L'acide stéarique contenu dans la bougie a la propriété de faire briller les objets qu'il enduit, comme s'ils étaient cirés.

5. — Le linge est trempé dans l'amidon pièce par pièce. Chacune d'elles est ensuite tordue, et elles sont pliées dans des torchons ou des essuie-mains, jusqu'à ce qu'elles soient assez pénétrées par l'humidité pour être repassées.

6. — La table à repasser est ensuite préparée. Sur

Fig. 5. — Le repassage du linge.

une table assez large et longue, on étend une couverture de laine ou de coton, ou mieux encore un molleton spécial *blanc*, qu'on vend pour cet usage. Si ce molleton est en laine, on le recouvre d'une toile blanche. Dans tous les cas, la table doit être *habillée*, c'est-à-dire que l'étoffe ou les étoffes superposées dont elle est enveloppée doivent être munies sur leurs bords de longs cordons qui, en dessous de la table, se rattachent les uns aux autres et tendent ainsi parfaitement les molletons ou les enveloppes de toile.

7. — A droite se placent l'appui pour le fer, un chiffon très propre pour l'essuyer, un peu de cire vierge enfermée dans un morceau de toile blanche et que l'on passe sur le fer pour le bien polir quand on le retire du feu avant de le passer sur le linge. C'est après cette opération que le fer est essuyé, car il faut n'y laisser aucune trace de cet enduit.

8. — Quand on repasse, on commence généralement par le linge plat, parce qu'il est le plus abondant et le plus encombrant. Chaque pièce est prise séparément, étendue sur la table de repassage et aussi complètement à plat que possible. On promène alors le fer sur la partie à plat, *dans le sens du fil*, en ayant soin, si l'étoffe est froncée, de pousser fortement le fer jusqu'à l'extrémité des fronces, afin que la partie la plus étroite de l'instrument fouille les fronces dans toute leur profondeur. On répète cette opération aussi souvent que cela est nécessaire, jusqu'à ce que toute la pièce soit repassée.

Le repassage étant fini, on plie l'objet selon le modèle qu'on a sous les yeux.

9. — La manière de plier les diverses pièces du linge de maison et du linge de corps est très variable. Elle dépend beaucoup des meubles dans lesquels ces objets doivent être placés, car ce que l'on veut surtout, c'est qu'ils y aient bonne mine, et qu'ils y tiennent peu de place cependant. Aussi chaque maîtresse de maison adopte-t-elle un modèle qui convient à l'armoire à linge dont elle dispose, puisque celle-ci peut avoir plus ou moins de profondeur, de largeur, d'élévation.

Règle générale : le linge qui a des parties brodées doit être plié de manière que la broderie soit en dessus, ou tout au moins bien apparente.

Quand on repasse du linge empesé dont certaines portions ne le sont pas, comme les chemises d'homme, par exemple, ce sont les parties non empesées qu'on repasse les premières. On termine par les plus délicates.

Les volants se repassent dans le sens de *leur hauteur*, afin que le fer pénètre bien dans la profondeur des fronces. Les volants à plis plats et couchés sont repassés à plat, quand du bout des doigts on a formé les plis; mais alors le pli est comme collé et ne produit aucun joli effet. Pour corriger cet aspect disgracieux, on relève le pli très légèrement avec l'ongle, lorsque le repassage est fait. C'est pour cela que beaucoup de blanchisseuses portent les ongles longs.

Quand on repasse les objets à plis, comme des devants de chemises d'homme, des tabliers d'enfants, etc..., on procède de la même manière.

Le repassage se fait toujours *à l'endroit*, excepté pour les broderies; c'est aussi ce qui rend cette opération difficile à mener à bien, car le moindre tâtonnement, la moindre faute se marquent sur le linge.

10. — Un conseil en terminant : choisir des fers plutôt un peu lourds; ils repassent mieux, et l'effort à faire pour les soulever est compensé par l'excellence du travail que l'on obtient.

Au fur et à mesure que le linge est repassé, on le pose sur une table, sur un lit, dans un endroit parfaitement plat, propre et à l'abri de la poussière. On le range dans l'armoire quand tout est terminé, ou chaque soir, si le repassage dure plusieurs jours.

EXERCICES PRATIQUES

QUESTIONS : 1. Quelle précaution prend-on quand le linge est lavé et sec? — Qu'est-ce que *contre-plier* le linge? — 2. Que fait-on si le linge est trop sec? — 3. Comment prépare-t-on l'amidon cru? Comment le fait-on cuire? — 4. Qu'ajoute-t-on à l'amidon pour qu'il rende le linge plus brillant? — 5. Comment trempe-t-on le linge dans l'amidon? Le repasse-t-on aussitôt? —

6. Comment prépare-t-on la table à repassage? — 7. Quels sont les objets autres que les fers qui doivent se trouver sur la table à repasser? — 8. Dites comment on repasse. — 9. Y a-t-il des règles générales pour le pliage du linge? Comment repasse-t-on les volants? le linge à plis? — 10. Comment sont les bons fers à repasser? etc., etc.

RÉDACTION. — Résumer aussi rapidement que possible ce que vous avez le mieux retenu de la leçon qui vous a été faite sur le repassage du linge.

HUITIÈME LEÇON

Le rangement des armoires.

I. L'ARMOIRE A LINGE DE MAISON

1. — Avant de procéder au rangement de ses armoires, une bonne ménagère a eu soin de visiter de très près le linge qu'elle doit y placer. Celui-ci doit être raccommodé, repassé et plié avec quelque grâce, si possible, avant d'être disposé en piles sur les étagères. Il ne faut jamais avoir besoin du secours de l'aiguille au moment où l'on tire une pièce de l'armoire à linge pour s'en servir. Il est insupportable d'avoir à attendre l'objet à raccommoder; c'est aussi d'un bien mauvais renom pour la maîtresse de maison qui est cause de pareil incident.

Notre linge ayant donc été soigneusement visité et raccommodé s'il y a lieu, rangeons nos armoires.

2. — L'armoire dite *à linge* est celle où l'on place le linge qui n'est pas spécial aux personnes, et qui est simplement dénommé linge de ménage. Le linge de

ménage comprend les draps, les serviettes de table et les nappes, les serviettes de toilette et le linge de cuisine: torchons, essuie-mains, et encore chiffons ou torchons spéciaux pour les divers nettoyages de la maison.

Si l'on veut donner à l'armoire à linge un aspect très soigné, on en recouvrira les tablettes avec une étoffe de belle nuance. On se sert beaucoup pour cela de l'andrinople, tissu de coton rouge dont le teint est solide. On emploie aussi les satinettes, les percalines rouges, bleues, roses, mais toujours en uni.

Fig. 6. — L'armoire à linge.

3. — Voici l'armoire installée. Préparons le linge. Nous mettons en tas les draps tout d'abord. Les voici attachés deux à deux avec un ruban de bolduc rouge ou bleu, sous un même numéro d'ordre. Ce numéro est inscrit ou brodé sur le ruban de bolduc, de façon très apparente. Ainsi, en nous reportant à un carnet que tiennent toutes les bonnes ménagères et qui indique les dates d'usage des draps, nous pouvons les faire servir chacun à leur tour, de façon à n'en avoir pas qui soient trop vite très mauvais tandis que d'autres sont encore presque neufs.

Dans les maisons où l'on emploie des draps de toile forte pour dessous et de toile fine pour dessus, on les classe par genre et numéros et non par paires. Cependant on s'arrange de manière à ce que le numéro 1 *gros* soit employé avec le numéro 1 *fin*, et ainsi de suite.

Les serviettes se rangent par douzaines numérotées : 1, première douzaine ; 2, deuxième douzaine, et ainsi de suite. Ce chiffre est brodé sur chaque serviette de chaque douzaine. Cependant on ne numérote pas le beau linge de table, destiné à servir en cérémonie. Celui-ci est brodé en coton blanc, généralement au plumetis, et il reproduit les initiales du maître et de la maîtresse de maison (initiale du nom de famille de cette dernière). Du reste, tout le linge de maison et de cuisine est ainsi marqué de ces deux initiales, parce qu'il est la propriété indivise du mari et de la femme.

On attribue à chaque sorte de linge la portion d'armoire qui lui convient. Le linge dont on se sert le moins sera placé aux étagères supérieures. Le linge de table viendra au-dessous des draps et taies d'oreiller ; et le linge de cuisine tout en bas, aux étages inférieurs.

Rappelons que pour faciliter le *roulement* régulier du linge, chaque ruban attachant une douzaine de serviettes, de torchons, d'essuie-mains, etc..., devra reproduire sur sa face la plus visible le numéro de la douzaine qu'il réunit.

Enfin indiquons aussi un procédé d'attaches fort ingénieux : avec des rubans de soie un peu larges et fortement doublés, ou encore avec bande d'étamine ou de grosse toile brodée d'un joli dessin au coton rouge, on prépare une vraie courroie. On se sert d'une courroie ainsi brodée pour attacher chaque paquet. De cette façon, le linge est plus solidement maintenu que par le ruban de bolduc, et, à mesure que la pile diminue, on n'a qu'à tirer sur la courroie pour qu'il reste bien attaché.

II. L'armoire a linge personnel

4. — L'armoire à linge personnel pourra être garnie comme celle destinée à contenir le linge de maison. On n'attachera avec des courroies de ruban que le linge non empesé, lequel serait vite froissé étant mis en tas. On l'arrangera de manière à ce que l'armoire présente un joli coup d'œil, toutes les pièces semblables étant pliées *dans le même sens*, et le pli étant tourné vers la face de l'armoire.

Les chapeaux, les cartons renfermant les petits objets d'usage restreint seront placés aux étagères les plus hautes. Celles à portée de la main seront garnies par le linge dont on peut avoir besoin chaque jour.

Une femme d'ordre doit avoir à cœur le bon et joli rangement de son armoire. On la juge souvent d'après cela. Il ne faut pas non plus qu'on ait à tâtonner pour y trouver tel ou tel objet. Alors même qu'elle serait empêchée de chercher dans son armoire tel objet nécessaire, elle doit pouvoir indiquer à coup sûr l'endroit où il se trouve.

III. Les parfums et le linge

5. — Quelques racines d'iris de Florence, broyées et pilées, donnent au linge une agréable et très saine odeur. Cependant il ne faut pas du tout parfumer le linge de table. Quant au linge de corps, nous déconseillerons aussi de le parfumer, l'abus étant très voisin de l'usage. Employés avec excès, les parfums énervent, amollissent, non seulement physiquement, mais encore moralement. Ils agissent sur les nerfs et affaiblissent la volonté. Il vaut donc mieux en faire un usage très discret.

EXERCICES PRATIQUES

QUESTIONS : 1. Que faut-il faire avant de ranger le linge dans les armoires? — 2. Que comprend le linge de ménage? — Comment garnit-on les tablettes d'une armoire à linge? — 3. Comment attache-t-on le linge par paquets? Comment doit-il être numéroté, classé, rangé? — 4. Comment dispose-t-on le linge personnel dans une armoire spéciale? — 5. Que faut-il penser de l'usage des parfums?

RÉDACTION. — Une de vos amies a reçu comme cadeau d'étrennes une armoire pour mettre son linge personnel. Écrivez-lui et dites-lui comment elle doit l'arranger pour obtenir un joli effet.

NEUVIÈME LEÇON

Le budget d'une bonne ménagère.

1. — Toute personne ayant à gérer des intérêts financiers ne peut le faire avec sagesse et habileté, si elle ne voit pas clairement ce qu'il lui est possible ou impossible d'accomplir avec les sommes dont elle dispose.

2. — Considérer les *sommes probables* qu'on aura à toucher dans un temps déterminé, et considérer les *dépenses probables* qui s'imposeront; étudier le moyen de faire face aux secondes à l'aide des premières, voilà sommairement ce qui s'appelle *établir un budget.*

3. — Le budget d'un ménage est donc le tableau approximatif des dépenses et des recettes de ce ménage.

Un budget peut être fait à la semaine, à la quinzaine, au mois, à l'année. Ce qui détermine le temps pour établir un budget, c'est la périodicité des recettes. Dans un ménage d'ouvriers, où la plus forte et souvent l'unique recette est la paye hebdomadaire du père de famille, la réglementation des dépenses se fait à la semaine. Chez un fonctionnaire ou un employé, elle se fait au mois; un rentier la fera au trimestre ou à l'année.

4. — Pour établir un budget, on commence par faire le relevé des recettes probables. Par exemple, une personne ayant sept francs par jour saura qu'elle dispose de vingt-cinq ou vingt-six fois sept francs par mois, ou de quarante-deux francs par semaine, et établira ses dépenses d'après cette recette probable. Si elle a d'autres ressources, par exemple une petite rente, une pension payée par un parent, etc., le chiffre de ces ressources est ajouté au revenu du travail, et c'est sur le total que les dépenses sont établies.

5. — Jamais il ne faut faire concorder entièrement le chiffre des dépenses et celui des recettes. Ce dernier doit demeurer toujours supérieur à l'autre; en d'autres termes, il ne faut jamais prévoir qu'on dépensera *tout* ce qu'on gagnera. Au contraire, une part doit être faite à l'épargne, à ce que *l'on doit s'obliger* à mettre de côté, afin de former une petite réserve pour le temps de la maladie, du chômage, de la vieillesse.

6. — On ne saurait déterminer la portion qu'il convient de mettre de côté. Cela est subordonné aux recettes, au genre de vie, aux obligations de chaque personne; mais ce que l'on peut poser en principe, c'est que toute maîtresse de maison vraiment digne de ce nom fait des économies réelles, en espèces, qu'elle dépose à la Caisse d'épargne. Si petites qu'elles soient, elles forment le noyau que la mère de famille aimera à voir grossir chaque jour un peu.

7. — Les parties du budget, ou *chapitres* sur lesquels porte la répartition des recettes sont : nourriture, chauffage, éclairage, blanchissage, entretien des personnes, loyer et impôts, entretien de la maison, gages des serviteurs, frais divers.

Chacun de ces titres est aisément compris, et nous n'avons pas à insister là-dessus. Les mots *frais divers* méritent seul un petit commentaire.

8. — Sous la rubrique *frais divers*, on classe les dépenses variées qui, n'étant pas toujours de première nécessité, ne se rapportent pas à l'entretien, à la vie matérielle des personnes. Les dépenses occasionnées par un voyage d'agrément, l'achat de quelques fantaisies, comme aussi les frais d'omnibus dans une grande ville, les dépenses de journaux, de livres, de papier à lettres, etc., se placent dans les *frais divers*.

Là aussi on inscrit les sommes données en aumônes ou comme participation à des œuvres diverses. A ce sujet, il est bon de nous rappeler que la charité, qui, pour plusieurs, semble facultative, est cependant *d'obligation morale*. Nous sommes vraiment obligés, devant Dieu et devant notre conscience, d'aider, dans la mesure du possible, ceux qui sont plus malheureux que nous. Notre-Seigneur a dit : « Il y aura toujours des pauvres parmi vous, » et sa divine parole est éternellement vraie. En établissant le tableau de nos dépenses, n'oublions donc pas les pauvres. Destinons-leur notre obole, c'est-à-dire une petite somme, qui pour nous sera précieuse, car là-haut, dans le ciel, Dieu l'inscrira lui aussi sur son livre d'or, à la page de nos bonnes actions.

9. — Les personnes riches, qui peuvent faire de nombreuses charités, les inscrivent sur un cahier spécial, et, chaque année, elles en étudient la liste, non pour se glorifier en elles-mêmes d'avoir bien fait, mais afin

de procéder avec méthode à la distribution de leurs aumônes. C'est une bonne mesure; mais, dans une famille modeste, il n'est pas besoin de tant de choses; souvent même les mots *charités, aumônes*, ne figurent pas sur le livre des dépenses. La bonne ménagère inscrit la somme pour obéir au sentiment d'ordre qu'elle a en elle; mais elle ne rédige aucune autre mention, et sa modestie n'a pas à souffrir si un regard indiscret est jeté dans ses livres de comptes. Elle sait que sa main droite doit ignorer le bien que fait sa main gauche; elle s'applique à oublier ses charités.

Dans notre prochain entretien, nous verrons comment une bonne ménagère tient sa comptabilité.

EXERCICES PRATIQUES

QUESTIONS : 1. Pourquoi est-il nécessaire de se rendre un compte exact des recettes et des dépenses d'un ménage? — 2. Qu'est-ce qu'*établir un budget?* — 3. Qu'est-ce que le budget? — 4. Comment s'y prend-on pour établir un budget? — 5. Faut-il faire concorder entièrement la somme des recettes et celle des dépenses? — 6. Peut-on indiquer d'une manière absolue la somme à mettre de côté? — 7. Quelles sont les diverses parties du budget? — 8. Quelles sont les dépenses que l'on classe sous la rubrique : *frais divers?* — 9. Est-il convenable de tenir un compte des aumônes et des charités que l'on fait?

RÉDACTION. — Dites en peu de mots comment une personne, gagnant une certaine somme par mois, doit établir son budget pour qu'il soit possible et raisonnable.

DIXIÈME LEÇON

La comptabilité domestique.

1. — Une bonne ménagère a le soin d'inscrire avec la plus grande ponctualité ses recettes et ses dépenses journalières. Pourquoi? dira-t-on. Parce que c'est là un principe d'ordre d'où découlent une foule de conséquences importantes. Voici les trois principales :

Puisqu'il est tout d'abord admis qu'une bonne maîtresse de maison veut réaliser le plus d'économies possible, il faut qu'elle se rende un compte exact des moyens dont elle dispose pour cela. C'est en considérant le chiffre de ses dépenses et leur nature, qu'elle verra très pratiquement ce qu'il lui est possible et ce qu'il lui est impossible de faire.

En effet, il ne suffit pas d'être remplie de bonne volonté pour faire tout ce que l'on désire. On a beau être résolue à mettre de côté chaque mois, chaque semaine, une somme déterminée; il y a tout lieu d'affirmer qu'on n'y arrivera pas si, en déterminant cette somme, on n'a pas calculé de très près les impérieuses nécessités du moment. Par conséquent, il faut inscrire sur un cahier spécial, et chaque jour, les dépenses que l'on fait, en réaliser le total chaque semaine ou chaque mois, comparer ce total à celui qu'on avait prévu en dressant le petit budget annuel, et, de la sorte, on saura si l'on est dans la bonne voie, s'il y a des dépenses qu'on doit diminuer, et s'il est possible de faire ou d'augmenter les économies destinées à grossir la petite épargne.

2. — On inscrit ses dépenses pour un autre motif :

c'est afin d'avoir l'esprit tranquille sur l'emploi de l'argent disponible, dont la masse diminue chaque jour. Il n'y a pas une maîtresse de maison qui, une fois ou l'autre, ne se soit écriée : « Mais qu'ai-je bien pu faire

Fig. 7. — L'inventaire de la journée.

de mon argent aujourd'hui ? Voilà que j'ai changé une pièce de vingt francs, de dix francs, de cinq francs, ce matin, et il ne m'en reste plus rien ce soir ! »

Elle prend la plume, elle appelle sa mémoire à son secours, elle inscrit toutes les menues sommes qu'elle a dépensées, et elle en fait le total : vingt francs, dix francs ou cinq francs, voilà ce qu'elle trouve, et elle est rassurée; elle n'a rien perdu; rien ne lui a été dérobé.

C'est surtout quand on emploie chez soi des personnes étrangères, domestiques, ouvriers ou autres, que l'on doit tenir à se rendre compte de plus près de ses dépenses journalières. Ainsi on évitera les suspicions envers tels ou tels, qu'on soupçonnerait volontiers d'avoir pris de l'argent; on ne risquera pas de se laisser aller à des jugements téméraires, que des calomnies suivraient peut-être sans tarder : ce sont des fautes graves devant Dieu et aussi devant les hommes, qui nous apprécient très sévèrement quand ils nous ont vus accuser autrui à tort et à travers. Quel regret, quel remords n'aurions-nous pas si, faute d'un peu d'ordre et de ponctualité dans l'inscription de nos dépenses, nous risquions de tomber en de semblables fautes !

3. — Il faut inscrire nos dépenses en détail, puisque si, par nécessité ou de bonne volonté, nous voulons faire des économies, il nous faut savoir sur quelles sortes de dépenses nous pouvons faire porter la réduction. Quand on dit d'une manière vague et générale : « Il me faut réduire mes dépenses, » on est encore loin de le faire ; mais on en est tout près quand on ajoute : « C'est mon loyer ou les frais de mon entretien que je veux diminuer. » Alors les efforts se concentrent sur ce point unique, et l'on arrive à un bon résultat.

4. — Il faut non seulement que nous inscrivions nos dépenses journalières, mais nous devons encore les détailler à part, par espèces et par genres. Ainsi on aura :

1° Loyer, impôts, assurances ;
2° Nourriture ;
3° Chauffage et éclairage ;
4° Entretien de la maison ;
5° Entretien des personnes ;

6° Blanchissage;

7° Frais divers.

On divisera en sept parties un petit cahier correspondant à ces sept titres, et on établira au fur et à mesure la liste de ces différentes espèces de dépenses.

5. — Un autre cahier sera nécessaire : ce sera celui sur lequel on inscrira les dépenses de chaque jour tous les soirs avant d'aller se reposer. Ce livre, qui existe dans la grande comptabilité commerciale comme dans celle des particuliers, peut s'appeler *journal, brouillon* ou *brouillard*. C'est de lui que l'on se sert pour inscrire les dépenses en détail et les reporter sur leurs listes respectives.

6. — A ces deux cahiers, le *Journal* et le cahier du *Détail des dépenses*, on en ajoutera un troisième, qui pourra n'être le plus souvent qu'un tout petit carnet, celui des *Recettes et épargnes*, où l'on marquera les sommes reçues et celles qu'on met de côté à la Caisse d'épargne ou ailleurs.

EXERCICES PRATIQUES

QUESTIONS : 1. Pourquoi devons-nous inscrire régulièrement nos dépenses? — 2. Quel est le plus important des trois motifs qui, en cette occasion, nous dictent notre conduite? — 3. Pourquoi devons-nous inscrire nos dépenses en détail? — 4. Comment se fait l'inscription de nos dépenses journalières? — 5. Où inscrit-on les dépenses jour par jour? — 6. Où faut-il les reporter ensuite? — 7. Quel est le troisième carnet qu'on doit avoir?

RÉDACTION. — Montrez l'utilité matérielle et morale qu'il y a d'inscrire régulièrement les dépenses journalières.

ONZIÈME LEÇON

La comptabilité domestique (suite).

Nous avons vu, dans notre précédente leçon, comment une bonne maîtresse de maison organise sa petite comptabilité journalière, et pourquoi cette comptabilité lui est utile. Aujourd'hui, nous allons rapidement passer en revue chacun des articles qui doivent figurer au registre du *détail des dépenses*, c'est-à-dire les sept titres que nous avons énumérés.

1. — *Loyer, impôts, assurances.* — Le loyer se paye, le plus ordinairement, tous les trois mois. Cependant il y a des loyers mensuels, des loyers à la semaine, surtout pour les ouvriers ou les employés dans certaines industries, qui touchent leurs salaires mensuellement ou chaque samedi. La dépense du loyer est une des plus lourdes, une des plus pénibles à solder, car elle semble grever le budget d'un ménage sans rien donner en échange, puisque, le paiement effectué, rien n'est entré de plus dans la maison ; on n'a pas augmenté son avoir, au contraire. Aussi les personnes qui n'ont pas plus de bon sens que de vertu s'élèvent-elles toujours contre le *propriétaire*, qui, à leurs yeux, est comme un être injuste et cruel, parce qu'il perçoit ses loyers. Elles ne trouvent pas extraordinaire que le boucher leur fasse payer la viande qu'il vend et les poursuive si elles ne le payent pas, et elles trouvent fort à reprendre dans la conduite d'un propriétaire qui, en échange d'un appartement loué, exige une rétribution régulière. C'est manquer absolument à la justice, et c'est raisonner de façon absurde que d'admettre de l'un sans récrimination ce que l'on ne peut souffrir de l'autre sans protester.

Une bonne maîtresse de maison, qui ne dispose que de très petits salaires, a soin de prélever chaque semaine, chaque mois, la part de son loyer, qu'elle met de côté avec soin, et dont le total forme au trimestre ce qu'elle doit verser en échange de la quittance réglementaire.

2. — Les impôts peuvent se payer par douzièmes (c'est-à-dire par menues fractions et par mois), pendant tout le courant de l'année. Les maîtresses de maison qui disposent d'un mince budget feront bien d'utiliser cette facilité que la loi leur accorde, afin de n'avoir pas à se démunir tout d'un coup, en décembre, d'une somme plus forte : en ce mois toujours chargé de dépenses, elle pourrait leur faire défaut.

L'assurance contre l'incendie se paye aussi tous les ans. Suivant que l'on est assuré à une compagnie à prime fixe ou à une compagnie d'assurances mutuelles, la somme à verser est toujours la même ou elle varie.

3. — *Nourriture et boissons*. — *Chauffage et éclairage*. — Sous le titre *nourriture*, on fait figurer toutes les dépenses de bouche, les provisions de légumes, de viandes conservées, d'épicerie, de vin, bière ou cidre, qu'on fait au jour le jour, ou pour une période de l'année ou du mois. Dès que la ménagère revient du marché, elle inscrit sur un petit carnet les dépenses qu'elle vient de faire. Ce total seul est reporté à l'article *nourriture et boissons*.

A la fin du mois, on fait l'addition de toutes les sommes ainsi dépensées; mais le total ne représente pas exactement la dépense réelle; il est plus considérable qu'elle, si on a fait pour un certain temps des provisions qui ne sont pas tout à fait consommées. Aussi faudra-t-il tenir compte de ce qui reste de provisions quand on fera l'estimation de la dépense mensuelle de nourriture.

A l'article *chauffage et éclairage* se reportent les

sommes qu'on paye pour le bois, le charbon, le gaz, l'huile, le pétrole, les allumettes.

4. — *Entretien de la maison.* — L'entretien de la maison comprend tout ce qui se rapporte au mobilier, au linge, à la vaisselle, au nettoyage des parquets, etc. On inscrit sous ce titre les achats de draps de lit, de torchons, de serviettes, de rideaux, etc.; les réparations faites à des tables, des sièges, etc.; le prix des assiettes, des verres, achetés pour remplacer ceux qu'on a cassés ou pour augmenter le nombre de ceux qu'on possède, etc.

Si l'on est propriétaire d'une maison, on inscrit là ce qu'on a dépensé pour refaire les peintures, élever un mur, réparer une toiture, etc.; mais souvent on préfère ouvrir un compte spécial à la maison elle-même, afin de comparer plus exactement ce qu'elle occasionne de dépenses et ce qu'elle rapporte.

Les articles achetés pour servir au nettoyage de la maison : cire à parquets, térébenthine pour l'encaustique, savon noir, tripoli, etc., sont inscrits sous le même titre.

EXERCICES PRATIQUES

QUESTIONS : 1. Comment faut-il faire pour payer sans trop de difficulté son loyer lorsqu'on a de très petites recettes? Pourquoi la dépense du loyer paraît-elle toujours si lourde? — 2. Comment est-il plus commode de payer les impôts? — Comment se paye l'assurance contre l'incendie? — 3. Que fait-on figurer sous le titre *dépenses de nourriture et de boissons?* Que faut-il remarquer par rapport à la dépense mensuelle si, pendant le mois, on fait des provisions? — Quels sont les articles à inscrire pour la dépense de chauffage et d'éclairage? — 4. Que comprend l'entretien de la maison : 1° si on est locataire? 2° si on est propriétaire?

RÉDACTION. — Une personne se plaint devant vous d'avoir souvent à donner de l'argent au propriétaire. D'autre part, elle ne se plaint de payer ni le boulanger, ni le boucher, ni les autres fournisseurs. Que faut-il penser de son raisonnement? Exposer ce qu'on pourrait lui répondre.

DOUZIÈME LEÇON

La comptabilité domestique (suite).

1. — *Entretien des personnes.* — Ici figureront les dépenses de vêtements pour chacune des personnes composant la famille. On emploiera pour les distinguer les formules suivantes :

Dépenses du mari. — Dépenses de la femme. — Dépense des enfants.

D'ordinaire, on ne donne pas une place spéciale aux dépenses de chacun des enfants. On les groupe en une même colonne, en mettant simplement, par exemple : pardessus pour Paul, bottines pour André, etc.

2. — Ce chapitre de dépenses est le plus souvent celui sur lequel on fait porter les économies qu'on veut réaliser. Lorsqu'il s'agit de toilette, il est rare qu'on ne puisse se réduire un peu ; et, dans tous les cas, c'est bien la privation dont souffrent le moins les gens raisonnables.

3. — *Blanchissage.* — Sous ce titre figurent les sommes qu'on paye aux blanchisseuses hors de la maison, les journées des blanchisseuses à domicile, les achats de savon et autres produits nécessaires au nettoyage du linge.

4. — *Frais divers.* — Voici le chapitre le plus complexe, celui qui donne lieu, dans les ménages des grandes villes, aux plus longues listes de dépenses. Là, en effet, figureront les dépenses faites pour les voyages, les cadeaux, les plaisirs, les mille riens que réclame la vie de chaque jour : journal, livre, papier à lettres,

fleurs, menus objets d'agrément, articles de mercerie pour la couture, petites fantaisies, etc.

5. — C'est aussi le chapitre sur lequel méditent le plus longtemps les bonnes maîtresses de maison lorsque, à la fin de chaque mois, elles lisent le total des dépenses qu'il représente. Alors on prend toutes sortes de bonnes résolutions, on se dit qu'on sortira moins, qu'on économisera, qu'on rognera sur le petit bouquet de fleurs qu'on s'offrait de temps en temps. Mais il est rare qu'on tienne toutes ces bonnes résolutions, car il est extrêmement difficile de les soutenir longtemps en face des mille occasions de dépenser un sou, deux sous, lesquels ne pèsent guère dans la poche, et ne valent que par leur multiplicité.

Dans ce chapitre de dépenses figurent aussi les frais occasionnés par les maladies : honoraires du médecin ou achats de médicaments.

6. — Au sujet de l'aumône, nous ne répéterons pas ce que nous avons dit (9e leçon) sur ce sujet. Nous croyons cependant devoir ajouter, à titre de conseil, que mieux encore que l'aumône à faire est le travail à donner à ceux qui manquent de ressources, faute d'occupations. En assistant les malheureux par le travail, en les mettant en mesure de ne devoir qu'à eux-mêmes l'argent qu'ils posséderont, on les déshabitue de la mendicité qui conduit souvent au vice, et on leur fait apprécier les bienfaits du travail.

Cependant ne soyons pas durs aux malheureux, sous prétexte de leur faire gagner leur vie. L'aumône est un devoir tracé aux hommes par Notre-Seigneur Jésus-Christ dans l'Évangile. N'y échappons pas, sous prétexte de leçons de sagesse à donner aux indigents, leçons sous lesquelles se cachent quelquefois notre avarice, notre égoïsme, la crainte de diminuer nos revenus par des aumônes souvent parcimonieuses.

EXERCICES PRATIQUES

QUESTIONS : 1. Que fait-on figurer sous le titre *entretien des personnes?* Comment distingue-t-on ce genre de dépenses? — 2. Peut-on souvent faire des économies sur ce chapitre? — 3. Qu'inscrit-on sous le titre *blanchissage?* — 4. Pourquoi le chapitre des *frais divers* est-il plus chargé? Énumérez les diverses dépenses qu'on y inscrit. — 5. Au sujet des menues dépenses, quelle remarque peut-on faire? — 6. Que faut-il penser de l'aumône et du procédé qui consiste à faire gagner aux pauvres l'argent qu'on leur donne?

RÉDACTION. — Rédigez sommairement ce que vous avez retenu sur ce sujet qui est comme la conclusion des deux leçons précédentes : nécessité qu'il y a pour une bonne maîtresse de maison de connaître en détail toutes ses dépenses et, par conséquent, de les inscrire toutes.

TREIZIÈME LEÇON

L'éclairage.

1. — L'éclairage se fait au moyen de substances grasses, animales ou végétales, d'huiles minérales, du gaz et de l'électricité. Nous ne dirons rien de la chandelle, dont l'usage est presque universellement abandonné; elle est remplacée par la bougie.

La bougie de bonne qualité se reconnaît à sa blancheur, à sa dureté, à sa transparence. Il faut choisir celle qui présente ces trois conditions; on peut être assuré qu'elle ne coulera pas. L'éclairage à l'aide de bougies est toujours cher : pour obtenir avec des bougies la même quantité de lumière qu'avec une lampe à pétrole, il faut dépenser une somme presque double.

2. — Les lampes à huile végétale, lampes Carcel, lampes modérateur ou autres systèmes, donnent une lumière douce et agréable, qui ne fatigue point la vue. Mais cet éclairage est assez coûteux. De plus, l'entretien des lampes est minutieux, leur nettoyage journalier est long et quelque peu malpropre. Pour toutes ces raisons, cet éclairage a été abandonné ou à peu près dans les petits ménages; on le remplace par l'éclairage au pétrole.

Fig. 8. — Lampe avec suspension pour salle à manger.

3. — Quand on ne doit plus se servir pendant quelque temps d'une lampe à huile végétale, il faut la vider entièrement, en démonter et en nettoyer avec soin les diverses parties. On se sert pour cela soit d'essence minérale, soit d'eau chaude dans laquelle on a fait dissoudre du carbonate de soude. On remet l'appareil en place quand il a été égoutté, séché, essuyé, et on bouche hermétiquement la lampe avec un bouchon d'ouate. Quelques personnes assurent que le mécanisme se conserve en excellent état si, au contraire, après qu'il a été nettoyé, on remplit la lampe avec de la bonne huile. Mais alors, quand on allume la lampe pour la première fois, il faut vider l'huile qui y a séjourné pendant l'été.

4. — Les huiles végétales employées pour les lampes sont celles de colza, de navette, de chènevis. On reconnaît la bonne huile à sa transparence, à son peu de coloration, mais surtout à l'usage. Elle ne rend pas la mèche

charbonneuse, elle brûle sans fumée et sans odeur, sa lumière est toujours égale.

5. — Ces lampes à huile végétale doivent, comme les lampes à huile minérale, être préparées chaque matin, bien que cependant, contrairement à ces dernières, il n'y ait aucun danger à les arranger à la lumière. Mais il

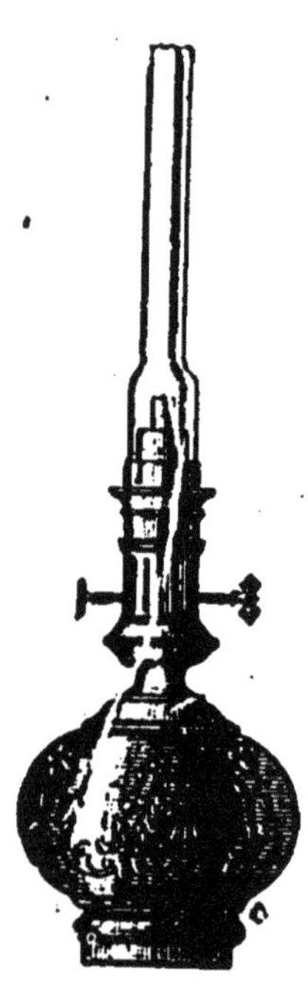

Fig. 9.

Lampe à pétrole. Lampe à huile végétale. Lampe à essence minérale.

n'est pas possible de les bien nettoyer, d'en bien tailler la mèche si l'on n'y voit pas très clair. On veillera aussi à ne laisser tomber aucun fragment de mèche carbonisée dans l'intérieur de l'appareil : on utilise pour cela de petits objets spéciaux destinés à le préserver. On peut aussi tailler une rondelle de carton, au milieu de laquelle on pratique un trou cylindrique que la mèche traverse; on la taille alors, et les fragments tombent sur ce carton qui forme bobèche et sert à préserver l'appareil.

6. — L'éclairage à l'huile minérale, pétrole ou essence, est bien moins coûteux que celui à l'huile végétale. Mais la lumière, qui en est très vive, peut fatiguer les yeux; aussi les personnes obligées de se livrer le soir à des travaux minutieux comme coudre, broder, écrire, se fatiguent beaucoup la vue en se servant de lampes à pétrole.

Le pétrole est une huile minérale naturelle. L'essence minérale est une huile distillée.

Ces produits s'enflamment aisément; aussi leur emploi présente-t-il des dangers qu'on évite aisément avec un peu d'attention :

1° Il faut que le remplissage et la préparation des lampes ait lieu pendant le jour;

2° On n'attendra pas, pour allumer les lampes, qu'il fasse si complètement nuit qu'on soit obligé de s'en approcher avec une autre lumière pour les allumer;

3° On les entretiendra en si parfait état de conservation et de propreté qu'aucune flammèche, fragment de mèche ou d'allumette, ne puisse tomber à l'intérieur du récipient. Les soudures devront être parfaites, afin que le pétrole ou l'essence ne suinte pas au dehors; enfin la lampe sera toujours bien essuyée avant l'allumage.

4° Les bidons pleins de pétrole ou d'essence seront placés dans un endroit éclairé, de telle sorte qu'on puisse aller les y prendre sans avoir besoin de lumière, ce qui est souvent impossible, quand on les place à la cave;

5° Les lampes devront toujours être *entièrement remplies* quand on les apprête, sans quoi le gaz que dégage l'huile minérale par la chaleur quand la lampe est allumée, se répand dans l'espace laissé vide, et, par son mélange avec l'air, ce gaz est facilement explosible;

6° On aura toujours à portée de soi et non loin du bidon ou des bidons de réserve, ou encore dans l'endroit spécial où se préparent les lampes, on aura, disons-nous, un flacon de sulfure de carbone. En cas d'incendie, le flacon se brisera, le sulfure prendra feu aussitôt et ses vapeurs empêcheront la combustion de se propager.

7. — Pour éteindre l'incendie du pétrole ou de l'essence, il faut jeter dessus des cendres, du sable, de la farine, mais jamais aucun liquide, car l'huile minérale, très légère, surnage sur celui-ci, qui lui sert de véhicule et la transporte enflammée un peu partout.

8. — Pour nettoyer les lampes à pétrole, on se sert d'eau de chaux. On rince à plusieurs reprises, puis on termine en passant à l'eau chaude pure.

9° L'éclairage au gaz nécessite quelques précautions. Il faut avoir soin de faire réparer exactement les tuyaux qui présentent accidentellement quelques fissures, et ne jamais laisser ouvert le robinet d'un bec de gaz non allumé, surtout dans un appartement clos. L'odeur du gaz décèle, il est vrai, sa présence; mais pendant la nuit, lorsqu'il se dégage dans l'appartement, il peut occasionner lentement et insensiblement l'axphyxie des dormeurs.

Il faut aussi se garder de pénétrer avec un flambeau dans une pièce où le gaz d'éclairage s'est répandu : il pourrait s'ensuivre une terrible explosion. On doit commencer par aérer largement la pièce.

EXERCICES PRATIQUES

QUESTIONS : 1. Avec quoi nous éclairons-nous? — Comment reconnaît-on la bonne bougie? — 2. Pourquoi l'éclairage à l'aide de la lampe Carcel a-t-il été abandonné? — 3. Que fait-on pour conserver en bon état une lampe qui ne doit pas servir de quelque temps? — 4. Quelles sont les huiles végétales qu'on emploie pour les lampes? — A quels signes reconnaît-on la bonne huile? — 5. A quel moment doivent chaque jour être préparées les lampes? — 6. Que savez-vous sur l'éclairage au pétrole et à l'essence minérale? — 7. Comment éteint-on l'incendie du pétrole ou de l'essence? — 8. De quoi se sert-on pour nettoyer les lampes à pétrole? — 9. Quelles précautions nécessite l'éclairage au gaz?

RÉDACTION. — Énumérez les précautions qu'il faut prendre pour se servir sans danger des lampes à pétrole.

QUATORZIÈME LEÇON

Les combustibles.

1. — Les combustibles peuvent se diviser en deux catégories : les combustibles minéraux, c'est-à-dire ceux qu'on extrait du sein de la terre, et les combustibles végétaux. Les premiers comprennent l'anthracite, la houille, le lignite, la tourbe ; les seconds sont fournis par les arbres des forêts.

2. — Les combustibles minéraux sont généralement désignés sous la commune appellation de *charbons de terre*. Ce sont des végétaux qui, depuis des siècles et sans doute à la suite de grands cataclysmes, se sont trouvés enfouis dans l'intérieur de la terre ; et là, soumis à diverses influences de chaleur et de pression, ils se sont minéralisés.

3. — La houille est le plus important des combustibles minéraux ; elle donne beaucoup de chaleur et fournit peu de cendres ou de résidus.

4. — La meilleure houille est la plus noire, la plus dure. Elle ne doit pas se casser par lames, mais par gros morceaux irréguliers, et l'endroit de la cassure doit être brillant comme l'extérieur.

5. — Les houilles grasses, très riches en huile, produisent beaucoup de flamme, mais aussi une épaisse fumée. On les réserve pour chauffer les machines. Il est utile que la maîtresse de maison distingue ces houilles des autres charbons, car si par ignorance elle en choisissait, elle ne pourrait pas s'en servir, à cause de l'odeur insupportable qui s'en dégage.

6. — Les houilles dites à courte flamme, ou encore

houilles maigres, sont les plus employées dans les ménages. Les charbons d'Alais et de Blanzy sont de ce genre et fort estimés pour cet usage.

7. — Les petits morceaux de charbon de provenances

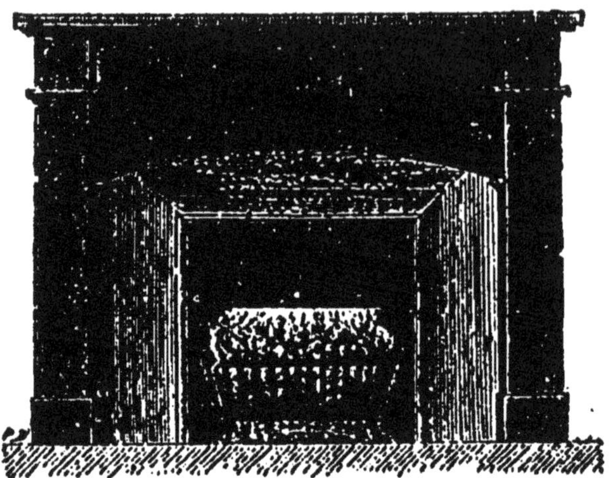

Fig. 10. — Cheminée pour brûler la houille.

diverses, bien triés, forment un excellent combustible pour les fourneaux de cuisine.

8. — Dans les poêles, on peut se servir d'anthracite, qui brûle plus lentement que la houille, donne une chaleur plus forte et n'encrasse pas les appareils.

9. — Le coke est ce qui reste de la houille lorsqu'elle a été chauffée au rouge en vases clos. Il donne beaucoup de chaleur vive, mais il s'éteint facilement et ne brûle bien que s'il est en quantité.

10. — Les bois de chauffage sont des bois durs ou des bois tendres ou blancs. Les premiers, de beaucoup supérieurs aux seconds, sont le chêne, le hêtre, le charme, l'orme. Le bois de chêne est le meilleur. A volume égal, il donne presque deux fois plus de chaleur que l'orme.

Les seconds, comme les bois résineux (pin et sapin),

donnent beaucoup de flamme, une chaleur vive, mais ils ne font presque pas de braise et le feu tombe rapidement. On les emploie surtout comme bois d'allumage.

Le bois est le combustible par excellence; mais il est cher partout où on ne le brûle pas au lieu de son extraction. Aussi ne s'en sert-on guère en ville que dans les pays boisés. Partout ailleurs, le chauffage au charbon de terre est le plus économique.

Les appareils de chauffage.

11. — Les poêles et les cheminées sont les deux appareils de chauffage dont nous nous servons.

Les poêles présentent l'avantage de donner relativement plus de chaleur que les cheminées, à quantité égale de combustible.

Les poêles en maçonnerie et porcelaine sont les meilleurs pour le chauffage. Ce sont les seuls sans danger.

Ceux qui sont placés au milieu d'une pièce, ou dans un angle, communiquent avec l'extérieur par un long tuyau en tôle qui augmente la quantité de calorique répandue dans l'atmosphère ; mais ce tuyau dégage souvent une odeur désagréable et nuisible.

Quant aux poêles en fonte, ils sont dangereux à cause de l'oxyde de carbone, gaz des plus dangereux, qu'ils dégagent lorsqu'ils sont soumis à une haute température.

12. — Les poêles mobiles inventés depuis quelques années sont commodes, mais ne sont pas sans danger, en raison même de leur construction. Cependant on peut s'en servir dans les antichambres, vestibules, corridors, grandes salles à manger, c'est-à-dire partout où l'on ne se tient pas continuellement. Jamais il ne faut les garder

la nuit dans les chambres à coucher. Chaque hiver on signale des accidents mortels dus à la présence d'un poêle de ce genre, dans la chambre où quelqu'un dormait.

13. — De temps en temps, on démonte les poêles, pour secouer les tuyaux et en faire tomber la suie. On a soin aussi de faire ramoner les tuyaux des cheminées, afin qu'ils ne s'engorgent pas de suie, ce qui nuit au tirage et peut occasionner des feux de cheminée.

EXERCICES PRATIQUES

QUESTIONS : 1. Combien avons-nous de sortes de combustibles? — 2. Sous quel nom désigne-t-on d'ordinaire les combustibles fossiles? Comment se sont-ils formés? — 3. Qu'est-ce que la houille? — 4. A quoi reconnaît-on la bonne houille? — 5. Les houilles grasses peuvent-elles être employées pour le chauffage d'une maison? — 6. Quelles sont celles qu'on emploie de préférence dans un ménage? — 7. Peut-on utiliser les débris de toutes sortes de charbons? — 8. Peut-on se servir d'anthracite dans les poêles et fourneaux? — 9. Qu'est-ce que le coke? Quels avantages présente-t-il à l'usage? — 10. Combien y a-t-il de sortes de bois de chauffage? Quels sont les meilleurs et les moins bons? — 11. Quels sont les meilleurs appareils de chauffage? — 12. Quels dangers présentent certains d'entre eux? — 13. Pourquoi le ramonage des cheminées est-il important?

RÉDACTION. — Une de vos parentes a acheté un poêle mobile pour chauffer un très petit appartement. Supposez qu'elle ignore les dangers de ces appareils, et écrivez-lui pour lui dire ce que vous en savez.

QUINZIÈME LEÇON

L'allumage du feu.

1. — Tout le monde a remarqué combien sont rares les personnes sachant bien disposer un assemblage de bois ou de charbon pour l'allumer rapidement. En présence des efforts inutiles de certains domestiques, on s'impatiente ou on plaisante, suivant les cas ; mais rarement on se donne la peine d'expliquer au maladroit comment il doit s'y prendre pour réussir.

Voici les conseils à suivre pour bien allumer le feu :

Tout d'abord, ne pas oublier que l'air est indispensable pour bien conduire un feu : n'a-t-on pas remarqué qu'un courant d'air active ou ranime un feu près de s'éteindre?

2. — Un feu de bois s'allume avec du papier, du menu bois très sec ou encore de petits paquets de substances préparées pour cela et qu'on nomme des allume-feux. Voici comment on dispose le bois qu'on veut allumer dans une cheminée :

On place en arrière une grosse bûche, tout contre la plaque intérieure de la cheminée, si celle-ci est peu profonde. Si elle est profonde, on prépare dans le fond comme un mur de cendres contre lequel on accote la bûche, dont les extrémités reposent sur des chenets. On met ensuite devant elle du petit bois aussi menu que possible et bien sec. Par là-dessus, on place une petite bûche, une autre encore et puis une autre. Il n'est pas nécessaire de mettre plus de trois bûches ; un trop grand feu qui remplit toute la cheminée ne chauffe pas en proportion de la flamme, car la chaleur se perd en grande partie par le tuyau de la cheminée. On prend soin que le menu bois soit bien supporté aux deux extrémités par les chenets. Sous cet échafaudage on enlève toutes les cendres, et l'on place le papier ou l'allume-feu, qu'on enflamme avec une allumette. On baisse la trappe ou tablier, si la cheminée est pourvue de cet appareil; on souffle doucement avec le soufflet, si elle n'en est pas pourvue.

En résumé, les règles à suivre sont : 1° de ne pas laisser les cendres sous les bûches surélevées ; 2° d'éloigner suffisamment les bûches les unes des autres pour que l'air circule entre elles ; 3° d'activer le courant d'air à l'aide du soufflet ou de la trappe baissée.

3. — Pour allumer le charbon de terre, on se sert de menu bois qu'on enflamme, et sur lequel on dispose les morceaux de charbon de façon à laisser de l'air entre eux. On allume aussi avec de la braise de four incandescente. Mais on ne peut jamais allumer directement le charbon de terre sans intermédiaire, même en soufflant dessus. C'est pourquoi ce genre de feu exige une disposition spéciale de cheminée ou d'appareil pour brûler. (Voir fig. 10.)

4. — Le charbon de bois s'allume avec du gros papier qui flambe peu et forme une sorte de braise. On peut aussi l'allumer avec de la braise incandescente ou avec un bout de bougie placé entre les morceaux de charbon, ou encore avec un petit morceau de charbon imbibé de pétrole. Mais *ce qu'il ne faut pas faire,* c'est verser du pétrole sur le charbon, car si on employait ce moyen après une inutile tentative d'allumage, il se pourrait que la chaleur du charbon ou quelque menue poussière incandescente communiquât instantanément le feu au pétrole qu'on verserait et vînt brûler la personne qui verse ce liquide dangereux.

EXERCICES PRATIQUES

QUESTIONS : 1. Quel est l'élément indispensable à la combustion? — 2. Comment allume-t-on un feu de bois? — 3. un feu de charbon de terre? — 4. un feu de charbon de bois?

RÉDACTION. — Indiquer les règles à suivre pour allumer vite et sûrement un feu de bois, et dites pourquoi ces règles sont justes.

SEIZIÈME LEÇON

Achats et provisions.

C'est par ses achats et ses provisions qu'une bonne maîtresse de maison prouve son savoir-faire et sa science de l'économie. C'est en cela surtout qu'elle fait preuve de bon jugement ou d'inexpérience, car, en matière de direction d'un ménage, les provisions et les achats les plus tentants ne sont pas toujours justifiés par une suffisante nécessité.

1. — Quand on veut acheter des aliments dans de bonnes conditions, il faut profiter le plus possible des *occasions*. Mais, là encore, on prendra garde de ne pas s'en laisser imposer par certaines habiletés commerciales des vendeurs. Par exemple, il y a *occasion* lorsque, la marchandise étant rare, on l'achète cependant bon marché et non défraîchie. Il y a encore *occasion* lorsque, la marchandise étant abondante *par exception*, on l'achète alors à bas prix et très bonne. C'est ce qui se produit pour certains aliments : fruits, légumes, gibier, etc., qui, en de certaines époques de l'année,

arrivent en abondance sur le marché, mais dont la durée est éphémère. C'est aussi ce que l'on rencontre pour certaines marchandises, dans de grands magasins où, périodiquement, on met en vente des objets sur lesquels le commerçant perd plutôt qu'il ne gagne, afin de déguiser le prix élevé de certaines autres choses qu'il veut vendre. Ainsi il tend un appât à sa clientèle, qui doit se défier de ce bon marché dont le résultat est de lui faire acheter bien d'autres objets encore que ceux mis exprès à bas prix.

2. — En ce qui concerne les achats relatifs à la nourriture, il y a quelques règles générales à observer pour bien acheter : aller au marché de bonne heure si l'on veut du très frais, quitte à le payer plus cher ; y aller tard si l'on préfère sacrifier la beauté et la fraîcheur à la modicité des prix. Ici une observation est nécessaire : très souvent, quand il s'agit de légumes et surtout de de fruits et de poisson (c'est-à-dire de choses se conservant difficilement), on a intérêt à aller au marché assez tard, car les vendeurs, préoccupés avant tout de se défaire de leur marchandise, qui ne vaudrait rien le lendemain, l'abandonnent, faute de temps ou de nombreux clients, à un prix bien plus bas qu'à l'ouverture du marché. Se défier des offres d'un bon marché exceptionnel pour des denrées qui n'ont pas de saison et sont toujours les mêmes : pain, viande, graisse, huile, charcuterie, etc., toutes choses qui conservent toujours leur prix, quand elles ne sont pas tarées ou défraîchies.

3. — Le marchandage est encore une question intéressante. Faut-il marchander ? Faut-il payer du premier coup le prix demandé ? Cela est affaire d'habitude.

Il y a des pays où le marchandage est comme une véritable institution à laquelle nul n'oserait se dérober. Alors les marchands haussent leurs prix en raison de cette habitude, et après mille pourparlers et tiraillements, abandonnent ensuite l'objet vendu pour sa valeur réelle. Ainsi l'acheteur s'en va satisfait, croyant avoir fait une affaire exceptionnelle, et il n'en est rien. Dans certains pays, au contraire, on ne marchande pas, ou très peu, ce qui simplifie singulièrement les rapports entre vendeur et acheteur, et fait gagner du temps. Par conséquent, il nous faut, en cette matière, observer les usages et nous y conformer au mieux de nos propres intérêts.

4. — « Provision, c'est profusion, » dit un vieil adage. La chose est souvent exacte, lorsqu'il s'agit de provisions qui ne sont pas faites en leur temps, ou qui sont faites dans de mauvaises conditions. Dans tous les cas, il est à remarquer que les provisions confiées à des personnes autres que la maîtresse de maison donnent d'habitude de mauvais résultats, spécialement celles qui ne s'emploient pas dans des proportions déterminées ou par unité. Par exemple, il est évidemment difficile de gaspiller des pommes de terre, parce que l'on n'en fait pas cuire plus qu'on n'en peut consommer ; mais on peut employer trop de beurre, trop de graisse, trop de sucre, etc., parce que l'on ne mesure jamais rigoureusement la quantité minimum qu'il en faut pour la cuisson ou l'assaisonnement de chaque plat.

5. — Pour bien faire les provisions, une ménagère doit être prévoyante, c'est-à-dire les choisir au temps où les choses à conserver sont abondantes et, par conséquent, à bon marché. Par exemple, il ne faut pas faire les confitures quand les premiers fruits apparaissent, mais attendre que la production batte son plein.

C'est aussi une étude spéciale que d'apprendre à les conserver. On a généralement un *fruitier* pour les fruits (voir 2e partie, 25e leçon, page 100) ou tout au moins un placard à claire-voie, très aéré, où les fruits sont disposés sur des tablettes formées de lattes posées les unes auprès des autres. Pour l'épicerie, on a un placard aux provisions, bien sec (aéré si possible) et cependant à l'abri de la chaleur. (Voir plus loin, 23e leçon, page 85.)

Fig. 11. — On revient des provisions.

Là on dépose, dans un ordre déterminé et dans des boîtes étiquetées, tout ce que l'on achète. Les boîtes en bois sont meilleures que celles en métal, qui se rouillent parfois au contact de certains produits.

6. — Les provisions de linge sont maladroites quand elles sont plus considérables que la situation de fortune ne le permet et que les nécessités n'y obligent. Il est ridicule d'accumuler des provisions de linge représentant plusieurs centaines de francs, lorsqu'on n'est pas absolument à l'aise et lorsque cet argent, placé à la Caisse d'épargne ou ailleurs, rapporterait quelque intérêt.

Quant aux provisions de mercerie, il faut être très circonspecte sur ce point, car le fil conservé longtemps s'altère, les aiguilles risquent de se rouiller, mille menus objets se défraîchissent et deviennent hors d'usage. Toutefois, une ménagère soigneuse ne devra pas non plus demeurer sans aucune petite provision de ce genre. Il ne faut pas avoir à quitter un travail pressé pour aller chercher un peloton de fil ou quelques aiguilles.

EXERCICES PRATIQUES

QUESTIONS : 1. Quand peut-on dire qu'en achetant on profite d'une *bonne occasion*? — Quand, au contraire, n'y a-t-il pas *occasion*? — 2. A quel moment faut-il aller au marché? — 3. Faut-il marchander? — 4. Quelle est la règle à suivre en matière de provisions, par rapport aux personnes chargées de les distribuer ? — 5. Comment dispose-t-on les provisions de fruits, d'épicerie? — 6. Que faut-il observer par rapport aux provisions de linge, de mercerie?

RÉDACTION. — Dites ce que vous avez retenu de la leçon précédente et pourquoi ce que vous avez retenu vous semble très important.

DIX-SEPTIÈME LEÇON

Installation et entretien d'une chambre à coucher.

1. — La chambre à coucher est, avec la cuisine, celle de toutes les pièces de l'appartement qu'on doit le mieux soigner, à cause de son influence sur la santé.

Elle doit être claire et aérée, contrairement à l'usage en certaines régions méridionales, où on la place de préférence au point le plus obscur et le plus reculé de l'appartement, par crainte sans doute de la chaleur et du soleil.

Il faudrait qu'elle fût grande, très grande, car on ne dort jamais bien dans une pièce étroite, avec un air confiné. Le sommeil qu'on y prend n'y est pas reposant, mais toujours coupé de rêves et de cauchemars qui proviennent de cette insuffisante aération.

2. — Autant que possible, le lit occupera le milieu de la pièce, afin que l'air circule tout autour et pour que la literie elle-même en ressente la bonne influence.

Quand on ne peut pas placer le lit au milieu de la chambre, la tête appuyée contre un mur, on le met dans un angle; mais on a soin de laisser un espace entre le bord du lit et le mur parallèle, espace qui varie suivant la place dont on dispose.

On abandonne aussi beaucoup, toujours par hygiène, l'usage des rideaux au lit et même aux fenêtres. Sans les proscrire tout à fait, on pourra adopter des rideaux voilant à peine le lit, qui ne sont, pour ainsi dire, qu'un ornement placé au-dessus de la tête du lit et encadrant le chevet sans fermer les côtés. Accroché au mur, près du lit, se trouvera le Crucifix, devant lequel une personne vraiment chrétienne fait sa prière le matin à son réveil et le soir avant de s'endormir.

3. — On a beaucoup vanté, ces derniers temps, l'usage adopté par certaines personnes qui consiste à tenir une fenêtre ouverte ou entr'ouverte toute la nuit pendant qu'on dort. Mais cette formule d'hygiène n'est pas applicable dans tous les cas, et mieux vaut ne pas la mettre

Fig. 12. — La chambre à coucher.

en usage que de la réaliser maladroitement dans la pratique. Par exemple, si une fenêtre ouverte fait courant d'air avec une cheminée, une porte fermant mal, et que la position du lit permette au dormeur de ressentir l'influence du courant d'air, il est sûr que celui-ci s'en trouvera fort mal et que cette précaution hygiénique tournera contre lui. La chose est si délicate, que nous n'osons en conseiller l'usage qu'aux personnes très expérimentées.

4. — Les étoffes lavables, les cretonnes à fleurs de couleur, les mousselines doublées ou non, sont également plus hygiéniques et plus pratiques que les grosses étoffes de laine ou de soie. Elles ne gardent pas les poussières et les mille germes antihygiéniques dégagés par les vêtements, les chaussures du dormeur, ou par les eaux de toilette et les diverses porcelaines que l'on est bien forcé de mettre dans une chambre à coucher, quand on n'a pas de cabinet de toilette.

5. — Comme tapis, une descente de lit suffit. Le plancher sera ciré, ce qui est bien plus propre et d'un entretien bien moins ennuyeux que le plancher lavé. Si la chambre à coucher était carrelée, un tapis la couvrant toute pourrait être toléré. Mais un grand tapis est chose coûteuse; aussi les maîtresses de maison économes savent-elles s'ingénier de mille manières pour substituer à un tapis acheté dans un magasin un travail fait par elles-mêmes.

6. — A côté du lit, on placera une toute petite table, guéridon ou autre, destinée à supporter le flambeau ou la lampe que le dormeur doit avoir à sa disposition pour la nuit, les allumettes, etc. On a renoncé à l'usage de l'ancienne table de nuit fermée qui, avec le temps, finissait toujours par dégager de mauvaises odeurs. Les porcelaines nécessaires sont dissimulées le jour aux endroits spéciaux, et sont apportées le soir dans les chambres à coucher.

Le mobilier de la chambre se compose encore d'une armoire, de plusieurs sièges et d'une table à toilette, à moins que l'on ne dispose d'un cabinet spécial pour placer celle-ci, ce qui est de beaucoup préférable.

Si la table à toilette est dans la chambre à coucher, on a soin de l'arranger de manière que rien n'y soit désagréable à la vue. Par exemple, autour de la tablette, de la table, on dispose un rideau d'une étoffe semblable à celle des garnitures de lit et de fenêtres. Sous ce rideau on dissimule le seau de toilette, le broc, etc., tout ce qui a un caractère trop intime. Sur la table, on place un petit napperon de toile blanche ou à carreaux de couleur qu'on orne d'une dentelle assortie. Tout cela n'est pas coûteux; on a de la toile à soixante centimes le mètre et au-dessous et de la dentelle à vingt ou vingt-cinq centimes le mètre, qui est tout ce qu'il faut pour cet usage.

La garniture de toilette, pot à l'eau, cuvette, etc., est placée là-dessus.

Au-dessus de la table à toilette, on fera bien de suspendre une glace, un miroir de dimension moyenne; mais ce qui sera fort utile, ce sera de tendre sur le mur, tout autour de la table, une largeur de l'étoffe pareille aux rideaux, qui préservera le mur et le papier de tapisserie contre les éclaboussures de l'eau de savon qui sert aux ablutions. Cette précaution s'impose quand la table touche le mur, surtout quand celui-ci est revêtu d'un papier fragile.

EXERCICES PRATIQUES

QUESTIONS : 1. Comment doit être située, éclairée, aérée, une chambre à coucher pour qu'elle soit saine? — 2. Quelle place donnera-t-on au lit? Devra-t-il avoir des rideaux? — 3. Que doit-on penser de l'usage de laisser une fenêtre ouverte toute la nuit dans une chambre pendant le sommeil? — 4. Quelles sont les étoffes pratiques pour l'ornementation d'une chambre? — 5. Quel genre de tapis placera-t-on dans la chambre? — 6. Énumérez les autres objets qui compléteraient le mobilier de la chambre à coucher.

RÉDACTION. — Vos parents ont déménagé nouvellement, et votre chambre à coucher est maintenant installée suivant les meilleures lois de l'hygiène, conditions que ne présentait pas votre ancienne chambre. Comparez l'ancienne et la nouvelle en décrivant celle-ci.

DIX-HUITIÈME LEÇON

Comment on « fait » une chambre à coucher.

1. — Dans le langage courant, « faire » une pièce de l'appartement, c'est la mettre en ordre, la balayer, la nettoyer. On « fait » une pièce superficiellement ou à fond. Les nettoyages *journaliers* des diverses pièces de la maison sont plutôt superficiels, tandis qu'on doit faire chaque pièce à fond au moins une fois par mois.

2. — La chambre à coucher est, ainsi que la cuisine, celle des pièces qu'il faut le plus soigner au point de vue de la propreté. L'hygiène y oblige et la santé y trouve son compte. La première chose à faire, quand on veut la nettoyer et l'apprêter, c'est d'en ouvrir toutes grandes les fenêtres, pour y faire pénétrer la lumière et en renouveler l'air.

3. — Ensuite on enlève les tapis, on les pose sur le rebord de la fenêtre, ou, mieux encore, si on a un jardin, une cour, on les accroche sur une corde tendue. Alors on les bat fortement à l'aide d'un jonc, d'une canne ou d'une sorte de raquette tressée, que les vanniers fabriquent exprès pour cet usage.

Il ne faut pas secouer les tapis en les prenant à deux mains par une extrémité, car, de la sorte, on les use vite à l'endroit où les mains s'accrochent, et au point opposé, où le tapis tend à se défaire à cause de son poids et de la secousse qu'on lui imprime.

Les eaux malpropres ayant servi à la toilette sont ensuite versées dans un seau qui sert à les transporter en un endroit spécial. On rince et on essuie parfaitement les vases et cuvettes en porcelaine, et on s'applique à ne leur laisser aucune trace de savon ou d'autres substances qui, avec le temps, dégageraient une mauvaise odeur. On vend, chez les épiciers et les droguistes, des sels fortement odorants, très précieux pour combattre les senteurs désagréables qui pourraient s'élever des ustensiles de toilette. Une pincée de ces sels déposée au fond des seaux ou cuvettes suffit à détruire les mauvaises odeurs.

On range ensuite la table à toilette, les peignes, brosses, etc., et on remet en ordre tout ce qui a été déplacé.

4. — Ensuite on s'occupe du lit. On le défait en enlevant les couvertures une à une et les draps un à un, et non en un seul paquet, comme font les personnes peu soigneuses. Tout cela est déposé sur deux chaises rapprochées ou, mieux encore, sur l'appui de la fenêtre, si le temps le permet, ce qui aère plus parfaitement ces objets. On retire le traversin, on le bat, on le secoue afin que le duvet dont il est formé ne se mette pas en boules, et on l'expose aussi à l'air; on en fait autant pour l'oreiller.

5. — On retourne et on bat les matelas avec la raquette à tapis; on époussette le sommier, on le brosse, ou on le bat, lui aussi. S'il s'agit d'une paillasse, on la remue aussi profondément que possible en plongeant les mains par les ouvertures qui y sont ménagées; on replace alors les matelas, en ayant soin de les retourner et de les disposer dans l'ordre inverse de celui qu'ils occupaient précédemment : le matelas qui était dessus sera dessous, le côté qui se trouvait vers la tête se trouvera vers les pieds. Grâce à cette précaution, les matelas se fatiguent également partout et ne présentent pas des bosses et des creux, comme ceux qui ne sont pas ainsi traités. De cette manière aussi, la toile s'use beaucoup plus également et ne se déchire pas fatalement au milieu, comme cela se produit quand on ne prend pas ces précautions.

On refait alors le lit en prenant garde de ne pas intervertir l'ordre des draps, drap de dessus, drap de dessous, côté du traversin, côté des pieds. On replie les draps et les couvertures sous le matelas l'un après l'autre, au fur et à mesure qu'on les place, et non tous à la fois : ainsi le lit a bien meilleur aspect. C'est aussi plus pratique parce que l'on peut, si c'est nécessaire, retirer une couverture sans défaire tout le lit, par exemple si la personne déjà couchée se trouvait trop couverte.

Fig. 13. — Le balayage.

On balaye ensuite derrière et sous le lit avant de le repousser contre le mur, d'où on l'a éloigné pour tourner autour quand on le faisait.

6. — Le parquet de la chambre à coucher exige des soins spéciaux et attentifs. S'il est ciré, son entretien est facile : encaustique, brosse, balai, chiffon de laine pour le faire briller et enlever les moindres poussières ; s'il n'est pas ciré, on le lave, on le balaye à coups plutôt lents, en trainant le balai pour que la poussière ne voltige pas ; ensuite on passe un chiffon humide dans les moindres coins pour mieux retirer toute poussière.

7. — On époussette enfin la chambre, ne laissant aucune partie sans y passer le plumeau ; on essuie dossier et bâtons des chaises, lit, cheminée, menus bibelots, et, tout étant fini, on ne referme pas la fenêtre aussitôt; on la laisse largement ouverte pour que l'air et le soleil y pénètrent pendant quelques heures.

EXERCICES PRATIQUES

QUESTIONS : 1. Qu'est-ce que « faire » une chambre à coucher? — 2. Par quoi commence-t-on quand on pénètre dans une chambre à coucher pour la « faire »? — 3. Quels soins donne-t-on aux tapis? Que fait-on des eaux de toilette? — 4. Comment défait-on un lit? — 5. Comment le refait-on? — 6. Comment entretient-on le plancher? — 7. Doit-on laisser les fenêtres ouvertes?

RÉDACTION. — Dites pourquoi il faut laisser l'air et la lumière pénétrer dans une chambre à coucher et les précautions hygiéniques qu'il faut prendre par rapport au lit et au plancher.

DIX-NEUVIÈME LEÇON

De la méthode nécessaire dans la direction d'un ménage.

1. — A beaucoup de ménagères, le travail domestique semble une besogne pénible et difficile. Savez-vous pourquoi? C'est parce qu'elles manquent de méthode dans l'organisation et l'exécution des travaux du ménage. Plus la tâche qu'on doit remplir est simple, moins il est difficile d'y suffire à l'heure exacte et dans les meilleures conditions; plus elle est complexe, c'est-à-dire formée de mille petits soins, de mille petits détails, plus il faut de méthode pour s'en bien acquitter. Faute d'ordre, on est bien vite débordée par toutes les choses qu'on a à faire, qui se succèdent en se répétant chaque jour, et l'on a toutes les peines possibles pour rétablir entre elles l'équilibre, si une fois il a été rompu.

2. — Il y a, dans les travaux du ménage, une part de routine et une part d'imprévu. La routine, ce sont les

travaux se rapportant à la vie journalière, nettoyages de chaque jour, préparation des repas, sorties pour des achats indispensables, etc. L'imprévu, ce sont les travaux occasionnés par une maladie, l'arrivée d'un visiteur, un objet pressé à coudre, à raccommoder, etc.

3. — Entre ces deux sortes d'occupations, il y a place pour une série d'autres petits travaux. Ce sont ceux qui, sans être journaliers, sont cependant réguliers et reviennent périodiquement : nettoyage des vitres des fenêtres, entretien des cuivres et de la batterie de cuisine, savonnage du linge, etc.

4. — Pour que chacun de ces travaux soit fait en son temps, une bonne ménagère établira un tableau de répartition des travaux suivant les jours de la semaine et du mois, et aura soin de s'y conformer scrupuleusement.

5. — Si la maîtresse de maison est obligée de se faire aider par quelqu'un, domestique, femme de journée ou autre personne, elle veillera à ce que l'ordre établi pour le travail ne soit pas troublé.

Si on laisse aux domestiques ou aux aides trop de liberté pour modifier les occupations à leur guise, le désordre finit par s'établir dans le ménage, et le caprice, la fantaisie, y règnent, au grand détriment de la bonne organisation.

6. — La répartition des travaux du ménage se fait selon les convenances personnelles de chaque maîtresse de maison. Voici un exemple de l'ordre qu'on pourra adopter :

Lundi : Savonnage.
Mardi : Couture.
Mercredi : Repassage du linge savonné le lundi.
Jeudi : Nettoyage de la cuisine.
Vendredi : Couture.

Samedi : Nettoyage des cuivres et de la batterie de cuisine. (Le nettoyage des cuivres comprend celui de tous les objets en métal, casseroles, flambeaux, lampes, boutons de portes, etc.)

Pour les ménages où l'on réserve le vendredi pour le nettoyage de la cuisine, et le samedi pour le nettoyage des autres parties de la maison, on réservera le jeudi à la couture.

7. — Un jour par mois, nettoyage des vitres et glaces de la maison (que l'on essuie cependant toutes les semaines). Tous les quinze jours on passera la cire et on frottera les parquets à la brosse (chaque matin on les frottera avec un chiffon de laine). Tous les mois, on nettoie l'argenterie au blanc d'Espagne.

8. — Une maîtresse de maison active et qui se lève de bonne heure pourra faire ces nettoyages le matin ou en exécuter au moins une bonne partie. Ce sera autant de gagné sur l'après-midi, qui pourra ainsi être employé tout entier à la couture et aux soins du linge.

Savoir ainsi diviser son travail et son temps, c'est avoir de l'ordre. L'ordre augmente le bien-être d'une famille. Une chambre, une cuisine, où tout est à sa place, paraissent plus grandes, et l'on s'y sent plus à l'aise. Il en est de même de la vie; une vie où toutes les heures sont employées avec régularité semble plus aisée, et on l'emploie bien plus utilement. On ne peut se figurer, avant de l'avoir expérimenté par soi-même, tout ce que l'on peut faire tenir de travaux utiles dans une journée bien divisée dont pas une minute n'est perdue.

9. — Si nous avons cette pensée toujours présente que Dieu ne nous a donné la vie que pour nous fournir les moyens de nous sanctifier par le travail et la vertu, nous ne gaspillerons pas un instant de cette chose précieuse, *le temps*, qui, une fois perdu, ne se retrouve jamais.

EXERCICES PRATIQUES

QUESTIONS : 1. Pourquoi le travail domestique semble-t-il une besogne pénible à certaines personnes? Pourquoi faut-il de la méthode dans les travaux domestiques? — 2. Combien d'espèces de travaux y a-t-il dans un ménage? — 3. Entre les travaux de routine et les travaux imprévus, n'y a-t-il pas place pour d'autres occupations? — 4. Que fera une bonne maîtresse de maison pour être sûre de ne pas manquer à l'ordre établi chaque jour? — 5. Que fera-t-elle si elle emploie des gens de service pour l'aider? — 6. Donnez un exemple de la répartition des travaux du ménage. — 7. Quels sont les nettoyages qu'on peut ne faire qu'une fois par mois? — 8. Quels sont les avantages de l'ordre? — 9. Pourquoi une bonne chrétienne ne doit-elle pas gaspiller le temps?

RÉDACTION. — Une de vos amies se plaint d'être sans cesse débordée par ses occupations journalières. Donnez-lui par écrit quelques conseils à ce sujet.

VINGTIÈME LEÇON

Installation et entretien d'une salle à manger.

1. — L'usage et aussi l'utilité ont décrété sans doute que la salle à manger serait la moins meublée des pièces de l'appartement. Tandis que, dans les salons et les chambres, on se plaît à réunir une foule de meubles et d'objets parfois inutiles, on se borne à placer dans la salle à manger le strict nécessaire : bahut, dressoir, sièges, et dans les angles quelques fantaisies décoratives.

Pour l'ameublement de cette pièce, on choisit d'habitude le chêne ou le noyer ciré, de teinte naturelle ou artificiellement vieillie. Le noyer naturel à reflets moirés est ce qu'il y a de mieux.

2. — La table est à rallonges, ronde, ovale ou carrée. La table ronde est la moins élégante, mais c'est la plus pratique, parce qu'elle permet de se grouper plus nombreux, même si elle est relativement petite, car sa forme permet de ne pas perdre de place. La table ovale présente à peu près les mêmes avantages. La table carrée a été considérée jusqu'à présent comme la plus élégante, parce qu'elle facilite une jolie décoration, une agréable symétrie du couvert; mais elle ne peut être placée dans de petits appartements, car, même sans rallonges, c'est-à-dire à six couverts seulement, elle occupe beaucoup trop d'espace. De plus, on n'y peut grouper beaucoup de convives, car elle ne se déploie qu'en longueur, et elle perd de sa grâce dès qu'on lui adjoint plus de deux rallonges, c'est-à-dire quatre couverts en plus des six qu'elle comporte (deux sur chaque face du carré). On a bien essayé de supprimer en partie cet inconvénient en arrondissant les angles, ce qui permet en cas de nécessité de loger quatre couverts de plus; mais, même de cette façon, elle demeure encombrante et peu pratique si la salle à manger n'est pas très vaste.

3. — Sur la table de salle à manger, on pose deux tapis : le premier, taillé dans un molleton de laine ou de coton spécial pour cet usage, doit demeurer sous la nappe lorsqu'on met le couvert. Il est destiné à préserver le bois de la table contre les souillures, taches de vin, de sauce ou de graisse, qui disparaîtront aisément de la nappe par le blanchissage, mais qu'il serait difficile d'enlever sur la surface du bois; en même temps il donne à la nappe une doublure moelleuse, grâce à laquelle la verrerie, les porcelaines, l'argenterie ne font aucun bruit en choquant la table quand on sert ou quand on dessert. Le second tapis est plus élégant; une maîtresse de maison, à laquelle le ménage et la couture laissent quelques loi-

sirs, s'appliquera à broder elle-même quelque joli tapis formé, par exemple, de bandes de tapisserie alternant avec des bandes de drap ou de peluche.

Lorsque la table a de beaux pieds, on ne fait pas un tapis retombant; on le taille exactement sur les dimensions de la surface de la table, et on l'encadre avec un galon ou avec une très petite frange.

Fig. 14. — Le repas en famille.

4. — Le bahut ou buffet de la salle à manger est d'habitude formé de deux corps ou parties, dont la plus haute est vitrée ou à jour, et l'autre fermée à portes pleines. Dans la partie inférieure, on place les porcelaines nécessaires aux repas journaliers; dans celle de dessus, on range de la manière la plus agréable à l'œil les cristaux, les belles pièces servant rarement. Si l'on n'a pas de

beaux objets à offrir à la vue, on fera bien de choisir un bahut ayant partout des portes pleines.

5. — La partie inférieure du bahut offre d'ordinaire une tablette assez large servant de base à la partie vitrée. Sur cette tablette, une maîtresse de maison soigneuse fait disposer une grande serviette ou napperon pendant les repas. Ainsi la personne qui sert ne tachera pas le buffet, si elle y dépose quelque objet au cours du service. Souvent ces napperons sont entourés d'une broderie au point de croix, en coton rouge ou bleu, ce qui est simple et de bon goût.

6. — Le dressoir est un meuble à une ou plusieurs tablettes, et dont la tablette supérieure est revêtue de marbre; il a peu de hauteur. Là on découpe les viandes avant de les faire passer sur la table, si on a adopté ce genre de service; là on dépose les plats, les assiettes ayant servi, etc.

7. — Les chaises de salle à manger sont en bois assorti à celui des autres meubles, et le siège est canné ou revêtu de cuir, plus rarement de drap ou de velours. On les nettoie et on les entretient comme les sièges des autres pièces de l'appartement.

8. — Sous la table, une maîtresse de maison prévoyante place de petits tabourets ou coussins en étoffe, bourrés de son ou de coton cardé, fort utiles aux dames, qui ne seraient pas à l'aise sur les chaises de salle à manger. dont les pieds sont généralement élevés.

9. — On garnit peu les fenêtres des salles à manger. Souvent on se contente d'y placer un bandeau droit en étoffe fortement doublée, d'où descend de chaque côté une *pente* ou le droit de même étoffe, formant ainsi un encadrement à la fenêtre, mais n'enlevant rien du jour. Bien entendu, on y met aussi des rideaux de vitrage.

La cheminée de la salle à manger sera ornée très sobrement soit d'une statuette, d'une ou plusieurs corbeilles de fleurs, de vases à fleurs de forme originale. Dans les angles, on pourra placer des plantes vertes ou des fleurs en pots dans des cache-pots et sur des socles élevés. Aux murs peu de chose, un crucifix, quelques tableaux de pêche, de chasse, quelques vieilles et rares faïences si on en possède.

10. — Au-dessus de la table une lampe-suspension plus ou moins riche, mais toujours fort commode, et grâce à laquelle on évite les accidents, surtout s'il y a des enfants turbulents à table.

11. — Nous venons de décrire l'aménagement d'une salle à manger dans une famille aisée. Il en est autrement dans un ménage d'ouvrier. Ici l'ordre et la propreté sont les principaux ornements du local.

Les murs sont ornés de quelques chromos ou photographies encadrés.

La table est nue et toute brillante d'encaustique, ou bien couverte d'une toile cirée facile à laver et à essuyer. Quand on reçoit du monde, on recouvre cette nappe de toile cirée d'une autre nappe blanche.

Le buffet est ordinairement fermé par des panneaux, le bas renferme la vaisselle, les verres, etc.; les tiroirs du haut contiennent les serviettes roulées, les couverts : couteaux, cuillers et fourchettes.

Des chaises rangées avec symétrie, une lampe suspendue et une horloge complètent l'ameublement.

12. — Il n'est pas d'usage d'inscrire des maximes dans une salle à manger. Cependant on peut souhaiter que tout convive s'asseyant auprès de la table pour y prendre son repas se rappelle cette maxime de sagesse humaine et de sagesse chrétienne : « L'homme mange pour vivre, mais ne vit pas pour manger. »

EXERCICES PRATIQUES

QUESTIONS : 1. Comment meuble-t-on ordinairement une salle à manger? — 2. Comment peut-on choisir la table? Quelle est la forme la plus commode? — 3. Combien une table de salle à manger a-t-elle de tapis? — 4. Comment utilise-t-on les deux « corps » ou parties du buffet de salle à manger? — 5. Quelles précautions prend-on pour ne pas tacher la tablette du buffet pendant le service des repas? — 6. Qu'est-ce que le dressoir? — 7. Comment sont les chaises de la salle à manger? — 8. Pourquoi des coussins sous la table? — 9. Comment garnit-on les fenêtres, la cheminée, les angles de la salle à manger, etc.? — 10. Comment s'éclaire-t-on ordinairement à table? — 11. Quel est l'ameublement qui, dans un ménage d'ouvrier, convient à une salle à manger? — 12. Citez une maxime dont il est bon de se souvenir quand on est à table.

RÉDACTION. — Expliquez pourquoi une salle à manger doit être peu meublée pour être commode, et dites quels en sont les meubles indispensables.

VINGT ET UNIÈME LEÇON

Installation et entretien d'un salon.

1. — Il n'est pas nécessaire d'être bien riche pour avoir un salon, si l'on se borne à meubler simplement une petite pièce exclusivement consacrée à recevoir les visiteurs. En se persuadant que le salon est surtout destiné à la conversation, on verra que l'on peut presque toujours, dans une position même modeste, avoir cette petite pièce, si utile et si commode.

En effet, il faut prévoir le cas où un visiteur vous arrive lorsque la table de la salle à manger n'est pas encore desservie, ou encore au moment où l'on va mettre le couvert, ou bien lorsqu'on a installé là une ouvrière à la journée, ou encore soi-même avec la corbeille à ouvrage. Où recevoir le visiteur, sinon là, puisqu'on n'a aucune autre pièce disponible? On est ennuyée, gênée par ce contretemps, chose que l'on évite par le moindre petit salon.

Dans les petits ménages on a une chambre de réserve pour les parents ou amis qui fait office de salon.

2. — Le salon, étant, comme nous l'avons dit, destiné surtout à la conversation, a spécialement comme meubles des sièges, fauteuils, chaises, canapés plus ou moins classiques de forme ou d'étoffe, mais toujours soigneusement brossés et entretenus brillants de propreté.

On y joint une ou plusieurs tables sur lesquelles on pose des livres, des albums. Si on possède quelque joli meuble qui ne soit ni spécial pour la salle à manger, ni spécial pour la chambre à coucher, comme un bahut fermé, une bibliothèque, etc., on le mettra dans le salon. Mais on peut fort bien ne composer un salon qu'avec des sièges et des tables, si, comme nous l'avons dit, on est dans une position modeste.

3. — Autrefois, les étoffes entre lesquelles on choisissait pour garnir les meubles d'un salon étaient le velours, le reps, le satin de laine. Aujourd'hui ces étoffes sont rarement employées. On leur préfère des fantaisies brochées qui ont beaucoup d'apparence, sont plus gaies à l'œil, mais n'ont pas la même durée. Quelle que soit l'étoffe choisie, c'est agir avec économie et sagesse que de ne pas la prendre trop claire, afin qu'elle soit moins salissante, ni trop chargée en dessins de couleur, parce que ces dessins *datent*, c'est-à-dire indiquent le temps auquel ils ont été créés et, par conséquent, paraissent vite anciens et démodés. Les étoffes avec des couleurs en camaïeu (c'est-à-dire ton clair sur ton de même couleur plus foncé ou inversement) sont beaucoup plus utilisables.

Quant au bois à choisir, le bois noir, le noyer naturel et ciré, sont fort bien et s'accommodent à toutes les étoffes.

La table ou les tables qu'on mettra dans le salon seront plutôt petites que grandes.

On évitera celles qui ont des formes contournées et bizarres. Quelques petits guéridons dans les angles feront bon effet. On y placera des fleurs, des plantes vertes, qui se dresseront dans les encoignures.

4. — Un tapis sera placé au milieu du salon, si on le peut. On le choisira aussi grand que possible et de couleur solide. On évitera les grosses fleurs aux teintes criardes. Les nuances fondues, les fonds rouge foncé, bleu foncé, sont bien meublants, mais ils se décolorent plus rapidement que les fonds beige, qui sont cependant bien plus clairs. Un autre petit tapis pourra être placé devant la cheminée, de crainte de quelque accident par le feu, ce qui serait bien plus préjudiciable au grand tapis qu'au plus petit.

Sur la cheminée du salon, on peut placer une pendule (sans globe), des vases à fleurs, des lampes, des candélabres. Souvent la pendule est remplacée par une statuette, une corbeille de fleurs, et ce n'en est que plus joli. C'est également plus aimable pour les visiteurs, car ainsi on leur exprime le désir de leur voir oublier l'heure en prolongeant leur visite.

5. — L'éclairage du salon se fait par les lampes ou les candélabres posés sur la cheminée ou sur les tables. Dans les grands salons de quelque luxe, on suspend au plafond un lustre supportant un certain nombre de bougies.

6. — Les rideaux du salon se font assortis aux sièges. Cependant, lorsque la mode permet de mêler dans un même salon des sièges différents, on choisit des rideaux assortis au tapis. On place toujours aussi de petits rideaux de vitrage en étoffe transparente, mousseline ou gaze.

7. — On dispose généralement les meubles du salon

de la manière suivante : les sièges en demi-cercle des deux côtés et devant la cheminée, des fauteuils étant aux deux coins de celle-ci, et d'autres ensuite alternant avec des chaises. Devant chaque fauteuil, on met un petit tabouret. Les tables sont placées contre les murs du salon, tout autour. Parfois l'une d'entre elles est au milieu du demi-cercle formé par les fauteuils. On en met une petite près du mur, au coin de la cheminée, à portée de la maîtresse de la maison, qui, selon l'usage, s'assied dans l'un des fauteuils de coin pour recevoir ses visiteurs.

Il ne faut pas tenir le salon dans une obscurité profonde et n'ouvrir les contrevents qu'au moment où arrive un visiteur. Cela est ridicule et contrarie toujours le visiteur, qui sent alors que sa présence est une gêne.

8. — On « fait » le salon comme les autres pièces de l'appartement. Les fenêtres sont largement ouvertes, les tapis, sièges et rideaux battus et brossés. Le plumeau passera ensuite partout sans oublier les boiseries, cymaises ou plinthes, les tableaux accrochés aux murs et les murs eux-mêmes.

EXERCICES PRATIQUES

QUESTIONS : 1. Pourquoi faut-il autant que possible avoir une pièce spéciale pour recevoir les visites? — 2. Quels sont les meubles d'un salon? — 3. Quelles étoffes, quels bois conviennent le mieux pour un salon? — 4. Comment sera le tapis? Que place-t-on sur la cheminée? — 5. Comment éclaire-t-on un salon? — 6. Comment seront les rideaux? — 7. Comment dispose-t-on les meubles? — 8. Comment fait-on pour bien nettoyer un salon?

RÉDACTION. — Une de vos amies se plaint de n'être pas assez riche pour avoir un beau salon, et préfère n'en avoir pas du tout. Expliquez-lui pourquoi il vaut mieux en avoir un, même très simple, et comment elle pourrait le meubler sans dépenser beaucoup.

VINGT-DEUXIÈME LEÇON

Les débarras, le grenier, la cave.

1. — Quelque bien tenue que soit une maison, et précisément même parce qu'elle est bien tenue, elle doit avoir des *débarras*, c'est-à-dire des endroits spéciaux où l'on dépose *avec ordre* certains objets qui servent rarement ou qui, ne servant plus, sont cependant utiles à garder.

2. — Les débarras sont ordinairement des cabinets plus ou moins éclairés, parfois obscurs, et des placards.

Dans les cabinets éclairés, on rangera les caisses, les malles, les cartons, les paquets de vêtements en toile ou en coton, les paquets de linge, les ustensiles de ménage, les baignoires, etc., toutes choses, en un mot, qui ne redoutent pas les insectes tels que les mites.

Au contraire, c'est dans des cabinets privés de jour qu'on déposera les paquets contenant les vêtements de laine, tapis, châles, fourrures, couvertures, rideaux, etc..., qui, eux, redoutent les mites.

3. — Ces débarras sont pourvus d'étagères. Certaines peuvent descendre jusqu'au niveau du plancher. D'autres seront de beaucoup au-dessus. Sous l'étagère inférieure de celles-ci, on fixera des pitons ouverts, très gros, ou mieux une tringle où l'on accrochera les supports à vêtements. Ces supports sont tout simplement formés d'un demi-cercle de bois muni d'un crochet pour le suspendre. Les vêtements sont suspendus par l'encolure et les emmanchures sur ces supports. Ainsi ils ne se froissent pas. Les robes fragiles, et même tous les vêtements,

pourront être renfermés chacun dans un sac à coulisse, assez large pour ne pas froisser le vêtement et le bien protéger contre la poussière.

4. — Une femme d'ordre, une maîtresse de maison soigneuse fait balayer ou balaye et époussette ses débarras au moins deux fois par mois, faisant ainsi la chasse à la poussière et aux insectes.

5. — En province, où chaque famille habite souvent une maison tout entière, on a de vastes greniers pouvant servir de débarras. On apportera à la bonne tenue du grenier le même soin qu'à la tenue des pièces de débarras : balayage, chasse aux araignées, aux souris, aux insectes malfaisants, propreté des vitres des fenêtres ou des lucarnes, rien ne sera négligé pour donner au grenier un bon aspect d'ordre. On pourra y placer quelques étagères qui rendront de grands services.

Si l'on n'a pas dans la maison d'autre débarras que le grenier, on fera bien d'installer dans un des angles deux clôtures en planches, qui formeront ainsi une petite chambre obscure, où l'on placera les objets dont nous avons parlé et qui doivent être tenus à l'abri du grand jour pour être préservés des insectes.

6. — Dans la cave, on ne placera absolument que les provisions de vin, bois, charbon ; à moins toutefois que l'on n'ait pas d'autre endroit pour servir de débarras, ce qui arrive souvent dans les villes. C'est alors à la cave qu'on dépose malles, caisses, cartons, si elle est bien sèche.

Cependant, même sèche, comme elle est privée du grand air, ces objets finissent toujours par y moisir et ne doivent y être placés que si l'on ne peut absolument pas faire autrement.

Dans la cave, on fera bien de réserver un angle spécial pour le dépôt de charbon. On circonscrira cette espace par des planches posées « de champ » et sur une hauteur de quarante à quatre-vingts centimètres, suivant l'importance de la provision de charbon qu'on veut faire. Si l'on a du combustible de plusieurs sortes, cet espace sera divisé en autant de compartiments par des planches.

Sur une des parois de la cave s'appuiera le porte-bouteilles; sur les autres, le casier à vins fins, puis les « chantiers » ou poutres destinées à soutenir les barriques pleines ou vides. Sur une étagère de la cave on déposera les objets ou instruments dont on se sert pour mettre le vin en bouteilles, pour les rincer, pour percer les barriques, etc... Là sera placé un sac contenant des bouchons, etc.

7. — Par mesure de précaution contre l'incendie, on installera dans la cave un petit socle spécial, élevé et fixé au mur, où l'on déposera la lampe dont on se servira pour s'éclairer dans la cave. Si la cave contient des bidons d'essences minérales dangereuses, la lampe sera laissée en dehors de la cave, ou bien c'est avec une lanterne de sûreté bien fermée qu'on y pénétrera.

EXERCICES PRATIQUES

QUESTIONS : 1. Comment doivent être tenus les *débarras* d'une maison? — 2. Combien y a-t-il de sortes de débarras? — Que met-on dans les débarras *éclairés* et dans les débarras *obscurs?* — 3. Comment sont-ils installés intérieurement? — 4. Doivent-ils être fréquemment nettoyés? — 5. Comment maintient-on de l'ordre dans le grenier? — 6. Dans la cave? — 7. Quelle précaution prend-on si la cave renferme des essences inflammables?

RÉDACTION. — Dites comment une bonne maîtresse de maison installe un grenier et une cave pour en tirer un utile parti.

VINGT-TROISIÈME LEÇON

La boîte à mercerie. — Le placard aux provisions.

1. — Par mesure d'ordre et de prévoyance, une maîtresse de maison se garde bien d'acheter sa mercerie au jour le jour et seulement à l'instant où elle a besoin de telles ou telles fournitures. Au contraire, elle a chez elle un petit magasin où elle rassemble les provisions nécessaires à la couture, de manière qu'elle puisse pourvoir au moindre raccommodage, à la moindre réparation, dès que le dommage se produit.

2. — Les provisions de mercerie seront rangées dans une boîte spéciale, munie d'un couvercle et divisée en petites cases où les objets seront placés séparément par genre : cases pour le fil blanc, pour le fil noir, pour les fils de couleur qui restent parfois après la confection des robes ou autres vêtements, pour les lacets, cordonnets, rubans de fil ou de percale, pour les laines et coton à repriser, etc., etc.

3. — On trouve des boîtes à mercerie toutes faites dans les bazars et les grands magasins. Mais rien ne vaut celle qu'on fait faire soi-même, par un menuisier et sur les indications qu'on lui donne. Elle peut être en simple bois blanc, avec un couvercle muni de fortes charnières et d'une bonne serrure. On la rendra plus élégante et d'un aspect plus agréable, tout en prolongeant sa durée, si on la peint avec de la peinture émail d'une nuance claire : blanc, bleu, rose, vert d'eau, etc., ou en nuance bois clair ou foncé.

4. — On ne confiera point la boîte à mercerie à la domestique chargée de la couture ou à une couturière à la journée, par exemple. La maîtresse de maison remettra à chacune ce qui lui sera nécessaire pour travailler plusieurs jours, et elle surveillera l'usage qu'on en fait.

La boîte sera tenue dans l'ordre le plus parfait, chaque chose remise à sa place quand on aura prélevé le nécessaire. La boîte sera placée dans la chambre de travail et fermée à clef, ou dans un placard, dans une armoire servant pour ainsi dire de lingerie et dont la maîtresse de maison aura la clef. En général, il est bon de ne pas faire de grosses provisions de mercerie, surtout de fils et d'aiguilles. (Voir page 60, dernier alinéa.)

5. — Le placard aux provisions de nourriture, ou d'éclairage, ou de blanchissage, est habituellement placé dans la cuisine ou dans l'office[1] ou à proximité de ceux-ci.

Un placard de ce genre est nécessaire, parce que nécessaires aussi sont quelques provisions de nourriture ou autres, dans un ménage bien tenu. Il devra être sec, et, si possible, aéré à l'aide d'une petite prise d'air dans le mur où il sera placé. C'est même à cause de cette utilité de l'aération que nous disons *placard* au lieu de dire *armoire*, l'armoire étant un meuble qu'il est difficile d'aérer.

Supposons cependant qu'une maîtresse de maison ne dispose d'aucun placard pour cet usage, que fera-t-elle? Elle fera pratiquer tout en haut de la porte de l'armoire une ouverture qu'on fermera avec un treillage en fer ou en bois, spécialement en fil de fer à mailles serrées ou en toile métallique à mailles larges,

[1] Petite pièce, annexe de la cuisine, où l'on dépose les provisions, les restes, la porcelaine, l'argenterie, etc.

ce qui laissera passer l'air sans permettre aux insectes ou aux rongeurs d'y pénétrer.

Si le placard ou l'armoire sont placés dans un endroit sec, cette précaution sera moins indispensable; mais, s'ils sont placés en un endroit quelque peu humide, elle s'impose absolument.

6. — Les étagères du placard à provisions sont ouvertes ou fermées; ouvertes, quand, par exemple, étant locataire dans un immeuble, on ne veut pas faire des appropriations coûteuses lorsqu'on s'y installe; fermées (ce qui est mieux), lorsque, étant chez soi, on fait ces dépenses une fois pour toute la vie.

Fig. 15. — Le placard aux provisions.

Sur les étagères ouvertes, on dispose les boîtes et paquets renfermant les provisions, les pots de beurre, de saindoux, de confitures, etc., en ayant soin de bien étiqueter chaque chose pour s'éviter d'ennuyeuses recherches et une perte de temps. Les étagères fermées sont divisées par cases dont chacune ferme sous une porte qu'on ouvre à l'aide d'un simple bouton, ou mieux, à la manière de tiroirs. Là on met le riz, le café, les pâtes pour le potage, les deux espèces de sel, le sucre cassé, etc.

On comprend que ces tiroirs peuvent être très petits lorsque le ménage est réduit, et plus grands si la famille est nombreuse. C'est pourquoi un placard aux provisions ne peut être bien installé que sur les indications de la maîtresse de maison elle-même, qui connaît les besoins de son ménage.

7. — Le savon est peut-être le seul des objets d'approvisionnement qu'il vaille mieux ne pas renfermer, ne pas envelopper ; ainsi il sèche et il est bien meilleur à l'usage, quand vient le moment de s'en servir.

Les huiles minérales servant à l'éclairage, dégageant une odeur désagréable et étant dangereuses, ne seront pas placées dans le placard aux provisions. Du reste, il vaut mieux n'en avoir chez soi que la quantité indispensable pour n'être pas pris au dépourvu.

8. — On ne laisse pas aux domestiques la clef du placard aux provisions. Chaque matin, la bonne ménagère remet à sa cuisinière les provisions spéciales dont elle peut avoir besoin ce jour-là. Dans la cuisine, la domestique peut avoir à sa disposition des pots ou des boîtes où se trouvent les épices, le beurre, les condiments, etc., utilisés à tout instant pour la préparation des mets.

EXERCICES PRATIQUES

QUESTIONS : 1. Pourquoi une bonne maîtresse de maison fait-elle une provision d'articles de mercerie ? — 2. Comment est installée une boîte à mercerie ? — 3. Comment peut-on en faire une jolie et peu coûteuse ? — 4. Doit-on la laisser à la disposition des ouvrières ? — 5. Comment installe-t-on un placard aux provisions de nourriture ? Pourquoi faut-il qu'il soit aéré ? — 6. Comment seront disposées les étagères de ce placard ? — 7. Quelles sont les provisions qui ne devront pas y prendre place ? — 8. Qui est-ce qui est chargé de venir prendre dans ce placard les objets nécessaires à la cuisine ?

RÉDACTION. — Une personne se plaint devant vous de voir sa domestique sortir à tout instant pour acheter l'une après l'autre les choses nécessaires à la préparation des mets. Dites comment cette personne pourrait éviter ces sorties trop fréquentes et l'avantage qu'elle trouverait à avoir chez elle des provisions bien installées dans un placard spécial.

VINGT-QUATRIÈME LEÇON

Rapports avec les domestiques.

1. — La bonne direction des employés de la maison est une partie fort délicate de la tâche d'une bonne ménagère. Il faut à la fois qu'elle traite ses domestiques avec fermeté et bienveillance, et la chose est plus facile à comprendre qu'à mettre en pratique.

2. — Tout d'abord, plaçons en première ligne, parmi les devoirs de la ménagère, celui qui consiste dans la surveillance de ses serviteurs. Plus d'une fois ils ne font mal que parce que la maîtresse de maison néglige de les surveiller. L'œil du maître est très puissant pour empêcher les domestiques de devenir indifférents à leurs besoins, relâchés dans le travail, parfois même paresseux ou indélicats et de mœurs trop libres. Dans toute maison chrétienne et bien tenue, la maîtresse de maison veille à ce que ses domestiques remplissent exactement leurs devoirs religieux, et aussi à ce que leur moralité et leur probité restent intactes.

3. — Pour cela, il est nécessaire : 1° de ne pas les charger outre mesure de besogne ; 2° de leur donner une tâche bien définie, régulière, invariable ; 3° de ne les exposer, par négligence, à aucune tentation ; 4° de n'avoir avec eux que des rapports de bienveillance, sans jamais aucune familiarité ; 5° de leur donner l'exemple de la vertu, de l'ordre et de la ponctualité.

Reprenons avec plus de détails chacun de ces points.

4. — Il ne faut pas donner à un domestique plus de travail qu'il n'en peut vraiment faire dans le temps

normal qu'on lui assigne. Le surcharger, c'est l'exposer à faire mal ce qu'il fait, à esquiver ses responsabilités, c'est le décourager et ruiner son zèle. On ne peut donner de règle à cet égard : une maîtresse de maison est seule juge de ce qu'il est raisonnable d'exiger.

5. — Ne pas fixer une tâche bien définie à un domestique, c'est une faute. Ainsi il perd du temps, commence un travail, le quitte pour un autre, achève maladroitement ou trop vite ce qu'il a commencé, etc., etc.

La bonne stratégie du ménage exige que chaque domestique reçoive à son entrée dans la maison une sorte de tableau de l'emploi de son temps, qui lui sera précieux pour se diriger dans le service et pour ne pas déranger à tout instant la maîtresse de la maison en lui disant : « Maintenant, que vais-je faire ? »

6. — On a remarqué que souvent les domestiques, entrés excellents dans une maison, s'y gâtaient vite. Cela se produit quand la maîtresse est étourdie, désordonnée, imprévoyante. Ainsi elle expose ses domestiques à des tentations, puis elle s'étonne et s'indigne s'ils font mal. Ainsi elle les loge très loin d'elle et ne peut surveiller leurs entrées et leurs sorties ; elle laisse traîner de l'argent, des bijoux, des objets de coquetterie dans sa chambre ; elle laisse de même ses lettres ouvertes sur les tables, ses clefs sur les armoires, etc. Pour éviter à autrui des fautes, des crimes même, ne l'y invitons pas par notre négligence, sans quoi nous portons une partie souvent considérable de responsabilité.

7. — Assurément il faut traiter les domestiques avec politesse, bienveillance et bonté; cependant il ne faut jamais se laisser aller avec eux à la familiarité. On s'intéresse à leur santé, à leurs intérêts, à leur famille; mais on leur en parle brièvement, et on coupe court à la conversation si l'on s'aperçoit qu'ils sont disposés à

bavarder longuement, ou, au contraire, s'ils se montrent défiants et renfermés. Le tact seul de la maîtresse de maison lui trace la conduite qu'elle doit avoir en ces diverses circonstances.

8. — Enfin que pourrait-on attendre de domestiques auxquels la maîtresse de maison donnerait l'exemple de la prodigalité, d'une vie irréligieuse, dissipée, ou encore de la paresse, de la malpropreté, de la négligence, du désordre? « Tel maître, tel valet, » dit le proverbe, et le proverbe a raison dans une certaine mesure, car les bons domestiques ne sauraient se plaire là où tout est malhonnêteté et désordre.

On le voit, l'intérêt bien entendu de la maîtresse de maison l'oblige à se surveiller elle-même et à régler sagement sa vie, si elle veut être bien servie.

EXERCICES PRATIQUES

QUESTIONS : 1. Comment une maîtresse de maison bonne chrétienne considère-t-elle ses domestiques? — 2. Pourquoi doit-elle les surveiller dans l'intérêt de leur âme et de leur moralité? — 3. Énumérez les cinq règles à suivre à l'égard des domestiques. — 4. Pourquoi ne faut-il pas donner à un domestique plus de travail qu'il n'en peut faire? — 5. Pourquoi faut-il que la tâche d'un domestique soit bien définie? — 6. Pourquoi voit-on de bons domestiques se gâter rapidement dans certaines maisons? — 7. Pourquoi doit-on éviter la familiarité? — 8. Pourquoi faut-il donner bon exemple aux domestiques?

RÉDACTION. — On se plaint souvent d'être plus mal servi qu'autrefois. D'où vient, selon vous, la difficulté qu'éprouvent certaines maîtresses de maison à avoir de bons domestiques?

VINGT-CINQUIÈME LEÇON

Quelques recettes d'économie domestique.

Dans cette leçon nous réunirons une série de recettes indiquées çà et là, au cours des leçons précédentes, et nous leur donnerons des détails un peu plus étendus.

1. — *Nettoyage des objets en cuivre.* — Pour nettoyer et faire briller les objets en cuivre, on se sert ordinairement de poudre de tripoli délayée avec un peu de vinaigre ou d'eau, de manière à faire une pâte épaisse. A l'aide d'un chiffon, on prend un peu de cette pâte, on l'étend sur l'objet en frottant vigoureusement. Ensuite on fait briller avec une peau de chamois ou un chiffon de flanelle. On se sert aussi d'eau de cuivre, qui est un *dangereux* composé d'acide azotique et de tripoli. Enfin on a inventé ces derniers temps des compositions qui, sous le nom de *brillants*, nettoient parfaitement les métaux, surtout le cuivre.

Les cuivres dorés seront nettoyés avec de l'eau de savon, puis frottés avec une peau de gant.

2. — *Nettoyage des fourneaux de cuisine, poêles, objets en fonte ou en tôle.* — On les nettoie avec de la mine de plomb ou plombagine délayée dans de l'huile de lin. Puis on essuie fortement avec un chiffon sec.

3. — *Nettoyage des boiseries.* — Si elles sont très malpropres, on les nettoie avec de l'eau de chlore, et on rince ensuite à l'eau fraîche. Si elles sont peu sales et si la peinture en est fragile, on se sert de pierre ponce réduite en poudre, qu'on prend avec un chiffon un peu humide et avec lequel on frotte vivement les endroits salis.

4. — *Nettoyage des meubles cirés.* — On emploie de l'encaustique formée de cire jaune et d'essence de térébenthine. (Voir page 18 la préparation de l'encaustique.)

On frotte le meuble avec très peu d'encaustique qu'on étend à l'aide d'un chiffon. On fait briller à l'aide d'un autre chiffon de laine.

5. — *Nettoyage des meubles vernis.* — On se sert d'un vernis formé d'une partie d'alcool, d'une partie de potasse, d'une partie d'essence de térébenthine et d'un peu de cire vierge. On laisse ce mélange reposer deux ou trois jours. Au bout de ce temps, on prend un peu de ce vernis avec une barbe de plume ou un petit chiffon fin ; on l'étend légèrement sur le meuble, puis on essuie avec un linge de coton fin, sans frotter fort.

6. — *Nettoyage des toiles cirées.* — Il faut employer de l'eau chaude seulement, sans savon ni aucun autre produit.

7. — *Nettoyage des glaces et des vitres.* — Les laver d'abord avec une éponge et de l'eau de savon tiède. Les frotter ensuite avec du blanc d'Espagne en poudre fine, mouillé d'un peu d'eau. Laisser sécher. Essuyer avec un linge fin ne laissant aucun duvet.

8. — *Nettoyage des objets en verre.* — On peut se servir d'une pâte formée avec un gros papier bleu, dit papier à sucre, coupé en morceaux dans de l'eau et laissé reposer ainsi pendant un jour. On frotte avec cette pâte et on rince à l'eau claire.

Si des bouteilles ou des carafes sont très malpropres, on les rend claires en employant de l'esprit de sel (ou acide chlorhydrique; son usage est dangereux). C'est le moyen qu'on emploie pour nettoyer les vases à fleurs dont l'embouchure est trop étroite pour qu'on puisse y introduire la main.

9. — *Nettoyage de l'argenterie.* — Comme les vitres et les glaces, on la nettoie avec du blanc d'Espagne. Si l'argenterie est ouvragée, il vaut mieux se servir d'eau de savon et d'une brosse, car la poudre pénètre dans les guillochures et il est ensuite assez difficile de l'enlever, même avec une brosse.

10. — *Nettoyage des huiliers.* — On emploie de l'eau chaude dans laquelle on a mis du vinaigre et des cendres, ou mieux quelques morceaux de cristaux de soude.

11. — *Nettoyage du marbre.* — Laver le marbre avec de l'acide chlorhydrique très étendu d'eau ou avec de l'eau de savon noir très chaude. Le faire briller ensuite avec de l'encaustique.

12. — *Nettoyage des planchers non cirés.* — Les laver à la brosse avec de l'eau très chaude où l'on aura fait bouillir des cristaux de soude. Rincer à l'eau claire avec un chiffon de molleton. Essuyer et laisser sécher les fenêtres de l'appartement tenues grandement ouvertes.

13. — *Nettoyage des parquets cirés.* — On les nettoie et on les entretient avec de l'encaustique formée de cire jaune et d'essence de térébenthine. De temps à autre on frotte avec la *paille de fer* les endroits noircis ou tachés. Les taches grasses s'enlèvent avec de la *terre de pipe.*

EXERCICES PRATIQUES

QUESTIONS : 1. Comment nettoie-t-on les objets en cuivre? — 2. les fourneaux de cuisine? — 3. les boiseries? — 4. les meubles cirés? — 5. les meubles vernis? — 6. les toiles cirées? — 7. les glaces et vitres? — 8. les objets en verre? — 9. l'argenterie? — 10. les huiliers? — 11. le marbre? — 12. les planchers non cirés? — 13. les planchers cirés?

RÉDACTION. — Parmi toutes les recettes d'économie domestique spéciales pour les nettoyages qu'on vous a indiquées, choisissez-en quatre à votre gré, que vous expliquez à une amie qui vous en a priée.

ÉCONOMIE DOMESTIQUE

DEUXIÈME PARTIE

Dans la première partie de nos leçons sur l'*Économie domestique*, nous avons eu particulièrement en vue la tenue du ménage et les soins généraux qu'il nécessite.

Dans cette seconde partie, nous étudierons plus spécialement la *cuisine*, la *cuisine simple*, bien entendu, en nous attachant surtout à en montrer l'utilité au point de vue de l'hygiène et de l'économie pécuniaire.

Il faudrait aussi que les jeunes filles fussent bien convaincues que, *moralement*, rien n'est à dédaigner dans la vie domestique, et que l'art d'apprêter les repas est pour elles un moyen puissant d'affirmer leur amour du devoir et leur respectueuse pratique des vertus familiales.

LECONS DE CUISINE

PREMIÈRE LEÇON

Pourquoi une jeune fille doit apprendre à faire la cuisine.

1. — *On mange pour vivre.* — L'homme ne vit pas pour manger, et les satisfactions de son estomac sont assurément les plus grossières qu'il puisse éprouver. Mais il a besoin de manger pour vivre, et si Dieu a

attaché un certain agrément à cette fonction, c'est qu'il a voulu sans doute bien marquer sa divine volonté de nous voir conserver notre santé, précieuse pour remplir nos devoirs, et vivre le plus longtemps possible pour accomplir la mission qu'il nous a dévolue sur la terre. Pour cela, nous avons besoin de la nourriture matérielle.

Mais la nourriture ne peut être bienfaisante au corps que si elle est saine et parfaitement assimilable. Ces deux conditions ne se réalisent que si les mets sont préparés avec soin et si la ménagère a le souci de choisir ce qui convient le mieux au tempérament de ceux pour qui elle travaille.

Pour cela, il faut qu'elle sache reconnaître la bonne qualité des aliments, la manière de les faire cuire à point et de les présenter avec un aspect assez engageant pour que l'appétit les désire.

Tout cela s'enseigne dans les leçons de cuisine.

2. — *Obligation de rendre la maison agréable au père de famille.* — Un motif d'ordre supérieur doit engager les jeunes filles à bien étudier la cuisine : c'est l'obligation qui s'impose à toute femme de rendre agréable la maison à ceux qui l'habitent. — Le père de famille, qui travaille dehors pour le bien de tous, revient au logis une ou deux fois par jour, afin de s'y restaurer et d'entretenir les forces qui lui sont nécessaires pour son travail. Il a généralement tout juste le temps de manger à la hâte ; il a grand appétit s'il se porte bien ; il nécessite des soins spéciaux s'il est malade. Il doit donc, pour toutes ces raisons, trouver sur la table, dès son arrivée, les aliments qui lui conviennent, comme qualité et comme quantité.

Lorsqu'il aura l'habitude de ne pas attendre ses repas et de se voir présenter une nourriture convenablement préparée, sa maison lui paraîtra plus agréable et plus précieuse que toute autre. Il s'y plaira infiniment, ne désirera point en sortir, réservera à sa famille toutes ses heures de liberté, ce qui donnera à la maîtresse de la maison une grande joie de cœur et un grand repos d'esprit.

3. — *Les jeunes filles riches doivent, comme les pauvres, savoir faire la cuisine.* — Les jeunes filles riches ou de situation aisée, même celles en état de se faire servir, ne doivent pas négliger l'étude de la cuisine. D'abord parce qu'elles ne commanderont bien à leurs domestiques que si elles savent faire elles-mêmes ce qu'elles leur demandent; ensuite parce qu'elles ne sont pas assurées d'être toujours riches et qu'un jour viendra peut-être où il leur faudra elles-mêmes mettre, comme on dit, la main à la casserole. Que de fois l'on a vu de ces coups de la Providence abaissant à des situations inférieures les personnes mêmes qui se croyaient à l'abri des épreuves ! Or ce n'est pas en ces moments, qui arrivent parfois quand la jeunesse est passée, ce n'est pas en ces moments qu'il faut faire l'apprentissage de la vie domestique; il faut, au contraire, être toute préparée à la nouvelle tâche qu'on doit remplir, et cela ne se peut que si l'on a étudié étant jeune.

Une femme, quelles que soient son intelligence, sa situation dans le monde et son éducation, ne sera jamais rabaissée par le renom qu'elle aura acquis de bonne maîtresse de maison et de bonne cuisinière. Bien au contraire, elle prouvera ainsi la largeur de son intelligence, la sagesse de son jugement, et le désir qu'elle a de remplir ses devoirs de mère de famille.

QUESTIONS ORALES : 1. Comment devons-nous interpréter la volonté de Dieu qui nous permet de trouver quelque satisfaction dans la nourriture matérielle? Dans quelles conditions une nourriture est-elle saine et bienfaisante? — 2. Pourquoi une jeune fille doit-elle apprendre à faire la cuisine? Énumérez toutes les raisons qui l'engagent à ne pas mépriser cet enseignement. — 3. Une jeune fille riche a-t-elle besoin de savoir faire la cuisine?

DEVOIR ÉCRIT. — Une jeune fille qui a l'habitude d'écrire son « journal » a reçu aujourd'hui sa première leçon de cuisine. La maîtresse lui a dit pourquoi on donne aux élèves cet enseignement. Supposez que cette jeune fille relate ce fait dans son « journal ». Notez, comme elle le ferait elle-même, ce qu'elle y inscrira.

DEUXIÈME LEÇON

Qualités à acquérir si l'on veut bien faire la cuisine.

1. — *Qualités nécessaires à une personne qui fait la cuisine.* — Une fonction, quelle qu'elle soit, même la plus modeste, ne peut être bien remplie si l'on n'y déploie certaines qualités qu'elle suppose. Par exemple, le caissier d'un magasin doit être d'une probité scrupuleuse; une ouvrière qui travaille à la journée doit être active et ne pas dérober à celui qui la paye la moindre parcelle de son temps; une garde-malade doit être silencieuse, etc. De même, quand on veut être une bonne cuisinière, il faut s'appliquer à acquérir ou à développer, si on les possède, les qualités suivantes : patience, attention, économie, propreté.

2. — *Patience.* — La *patience* est nécessaire à une personne qui fait la cuisine et veut la bien faire, car beaucoup des mets que l'on prépare ne sont bons qu'à la condition de cuire longtemps, à petit feu : tels sont le bouillon de viande, les viandes en sauce, etc. D'autres fois, ce sont les préparations destinées à les assaisonner qui sont longues et minutieuses, par exemple les hachis, les farces et certaines sauces comme la mayonnaise. Une bonne cuisinière ne se hâte jamais, ne fait

rien avec précipitation, car c'est le plus sûr moyen de tout manquer; mais elle est prévoyante pour se mettre à la besogne assez tôt, n'avoir nul besoin de se presser et, par conséquent, ne pas mettre sa patience à une trop rude épreuve.

Fig. 16. — La leçon de cuisine.

3. — *Attention.* — *L'attention* est encore une qualité indispensable. Jamais une étourdie ne fera bien la cuisine : elle oubliera une sauce sur le feu, un rôti dans le four, et les trouvera ensuite carbonisés; elle négligera de saler, de sucrer ou de poivrer les aliments au moment voulu et dans la proportion convenable; et quand elle ira aux provisions, elle oubliera tant d'achats, qu'il lui faudra sortir une fois encore, et deux fois et trois

R.F.

fois peut-être, avant d'avoir réuni tout ce qui peut lui être utile.

Si l'on manque d'attention, si l'on se sait étourdie et si l'on veut se corriger, on fera bien d'inscrire sur un petit carnet spécial, au fur et à mesure qu'on y pense, les achats à faire, ce qui évitera toutes sortes d'ennuis.

4. — *Économie.* — L'*économie* est une qualité précieuse entre toutes. Elle n'est nécessaire à personne autant qu'à une cuisinière, car il lui est extrêmement facile de se laisser entraîner à des dépenses inutiles, même sans le vouloir. Tantôt elle mettra plus de beurre, de graisse ou d'huile qu'il n'en faut, et le plat n'en sera pas meilleur, mais il reviendra plus cher. D'autres fois elle méprisera un petit reste de viande ou de légumes, qui, augmenté d'une sauce, par exemple, serait encore fort présentable. Si elle n'est pas économe, elle jettera de menus croûtons de pain, restes de la table, des fonds de bouteilles de vin, les jus des dégraissages, etc. Ainsi on dépensera en nourriture une somme parfois très supérieure à celle qui serait indispensable.

5. — *Propreté.* — Enfin la *propreté* est une qualité non seulement utile, non seulement agréable, mais indispensable chez une personne qui fait la cuisine. On ne peut vraiment manger avec appétit les aliments préparés dans un local en désordre, avec des ustensiles mal tenus et par des mains malpropres, aux ongles noircis. La personne qui fait la cuisine aura soin de mettre devant elle un tablier spécial quand elle fait la cuisine. Elle n'y essuiera ni ses mains, ni son couteau, ni aucun de ses ustensiles; elle ne s'en servira pas non plus pour essuyer la table, le fourneau, etc. Mais elle accrochera à la ceinture de son tablier un torchon dont elle se servira pour ces divers emplois, qu'elle remplacera aussi souvent qu'il le faudra et qu'elle enlèvera facilement, d'un simple

mouvement, s'il lui faut se présenter devant quelqu'un avec son tablier.

Pour faire la cuisine, elle aura soin de brosser son corsage, afin de n'avoir sur elle aucune poussière, aucun duvet, aucun cheveu surtout, qui, par le moindre courant d'air, pourrait voltiger et se déposer sur les aliments. Elle portera les ongles plutôt courts et parfaitement nets, et elle se lavera les mains très souvent au cours des diverses opérations culinaires.

QUESTIONS ORALES : 1. Quelles sont les qualités d'une bonne cuisinière? — 2 Pourquoi la *patience* lui est-elle nécessaire? — 3. Pourquoi une cuisinière *étourdie* fera-t-elle de la mauvaise cuisine? Ne risquera-t-elle pas aussi de perdre beaucoup de temps? — 4. Pourquoi l'*économie* est-elle une qualité très précieuse chez une cuisinière? — 5. La *propreté* est-elle bien nécessaire à une cuisinière : 1° dans sa cuisine, 2° sur sa personne? Dites quelles précautions elle doit prendre à cet égard.

DEVOIR ÉCRIT. — Votre mère va faire choix d'une cuisinière. Supposez qu'en causant avec vous sur ce sujet, elle vous dit les qualités qu'elle désire trouver dans cette domestique. Résumez cette conversation.

TROISIÈME LEÇON

Les principaux ustensiles de cuisine et leur rôle.

1. — *Nombre des ustensiles de cuisine.* — On peut réduire à un très petit nombre les ustensiles de cuisine les plus indispensables. Mais quand on veut faire de la cuisine soignée ou de la cuisine rapide, une maîtresse de maison est obligée d'avoir recours à un plus grand nombre d'appareils. Énumérons d'abord les plus nécessaires. Ce sont : les casseroles, la poêle, le gril, la rôtis-

soire, la passoire, l'écumoire, le plat allant au four ou sur le feu, le chaudron ou bassine.

2. — *Casseroles en cuivre.* — Les casseroles peuvent être en cuivre, en fer battu ou en terre. Les casseroles de cuivre sont les meilleures, mais aussi les plus chères. Elles s'échauffent vite, conservent bien la chaleur et sont assez épaisses pour que les aliments qu'on y fait cuire n'éprouvent pas de trop près l'action du feu, ce qui les empêche de *s'attacher* au fond de la casserole et de se brûler.

Elles exigent une extrême propreté, beaucoup de soin

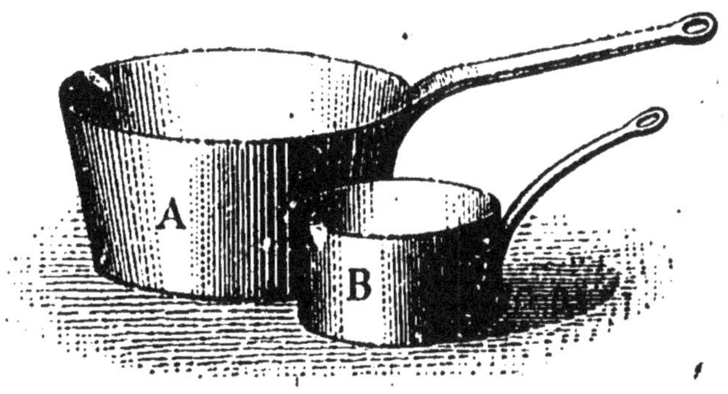

Fig. 17. — A. Casserole en fer battu. — B. Casserole en cuivre.

de la part de la cuisinière, car, pour peu que leur étamage intérieur soit attaqué, elles deviennent dangereuses; dès que le cuivre est à découvert, il faut se hâter de les faire étamer de nouveau.

3. — *Casseroles en fer battu.* — Les casseroles en fer battu un peu épaisses sont presque aussi solides que les casseroles de cuivre et bien moins chères. Elles conservent moins longtemps la chaleur que celles de cuivre, elles nécessitent un récurage fréquent et elles ne restent pas brillantes si on ne les fait pas étamer au moins deux fois par an. Il faut prendre garde que, sous l'action du feu, l'étamage intérieur ne se désagrège pas, ce qui serait dangereux, surtout si, à l'étain, un fabricant peu scrupuleux a mêlé du plomb.

4. — *Casseroles en terre.* — Les casseroles en terre sont à bon marché. Certaines sont d'une grande fragilité. Les meilleures sont les plus épaisses et les plus lourdes, celles qu'on appelle *en caillou*, pour les distinguer de celles en terre mince, poreuse et vernissée. Les casseroles en terre s'échauffent difficilement; mais, une fois échauffées, elles conservent très longtemps leur chaleur. Aussi est-il fort économique de les employer pour la cuisson lente de certains aliments, car il faut peu de feu pour entretenir leur chaleur. Par contre,

Fig. 18. — A. Casserole pour la cuisson du lait. — B. Casserole bombée, à bec. — C. Casserole à sauter.

on ne les emploiera pas quand on voudra obtenir de la cuisine vite faite.

5. — *Casseroles nécessaires.* — Dans un ménage de condition moyenne et pour une famille de quatre à six personnes, on compte qu'il faut six casseroles de dimensions différentes. On aura soin d'en réserver une spéciale pour la cuisson du lait.

6. — *Poêle.* — La poêle est l'instrument par excellence, car elle pourrait rigoureusement servir à tout. Elle va sur le feu de bois aussi bien que sur celui de charbon, sur la flamme comme sur la braise. Elle est surtout destinée aux fritures et aux omelettes, mais on

peut y faire aussi la soupe à l'oignon et certaines *grillades* de viande, comme escalopes de veau, biftecks, côtelettes, quand on ne veut ou ne peut pas se servir du gril pour cela.

7. — *Rôtissoire.* — La rôtissoire est en fer battu.

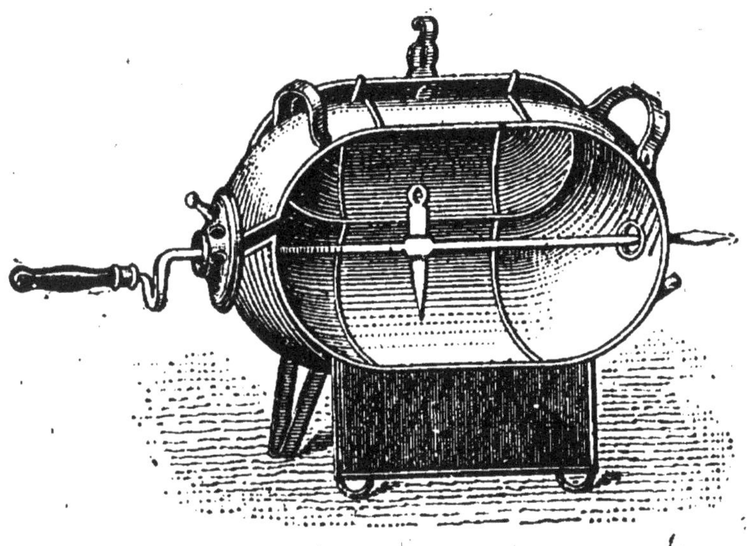

Fig. 19. — Rôtissoire à bouts sphériques.

C'est une sorte de boîte ouverte sur une de ses faces et munie d'une broche qui soutient la viande qu'on met à rôtir devant un feu ardent. Une rôtissoire ne peut durer longtemps que si elle est très solide, de très bonne qualité, car le feu l'a bien vite détériorée.

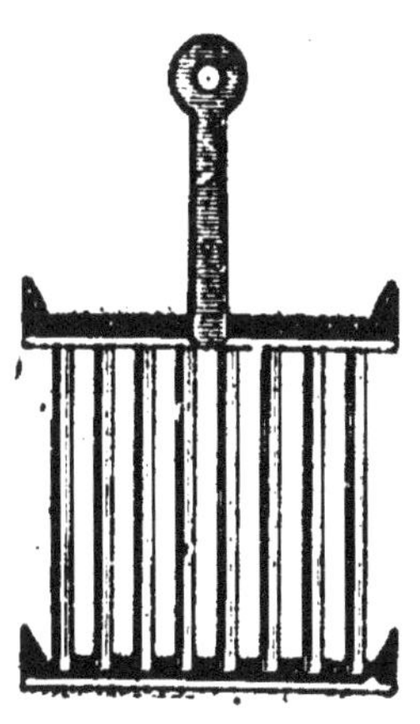

Fig. 20. — Gril.

8. — *Gril.* — Le gril est un instrument des plus simples, composé de minces barrettes de fer disposées en forme de cadre. La viande ou le poisson sont posés sur le gril, qui est lui-même placé sur des charbons ardents. Le gril est muni de pieds qui le surélèvent au-dessus de la braise. Les grils

formés de lames creuses en fer battu, destinées à recevoir le jus de la viande, sont beaucoup moins bons pour la cuisine que les grils à barrettes minces et rondes, parce qu'ils isolent trop la viande du feu sur lequel elle cuit.

9. — *Passoire.* — La passoire est en fer battu. A travers la passoire on coule le bouillon, les sauces, que l'on veut débarrasser de quelques éléments solides, fragments d'herbes ou de légumes. On peut aussi se servir de la passoire pour faire des purées de légumes

Fig. 21. — A. Passoire ordinaire. — B. Passoire sphérique. — C. Écumoire.

cuits qu'on y écrase et qui, à mesure qu'on les presse, tombent à travers les trous dans un récipient placé au-dessous.

10. — *Écumoire.* — L'écumoire est comme un fond de passoire muni d'un manche et dont on se sert pour enlever l'écume du pot-au-feu.

11. — *Chaudron.* — Le chaudron ou bassine, en cuivre, en fer battu ou en fonte, sert à faire chauffer l'eau pour la vaisselle. On assure que les confitures ne se font bien que dans les bassines de cuivre, mais il serait très dangereux de les y laisser refroidir.

12. — *Autres ustensiles.* — A ces instruments de première nécessité, il faut ajouter : le plat aux œufs, au gratin ; c'est un plat en fer battu, en terre ou en

cuivre, peu profond, muni d'anses et qui peut aller

Fig. 22. — Cocotte et chaudron.

sur le feu ou au four; un presse-purée, destiné à écraser les légumes dans la passoire; un pot à soupe, ou marmite, spécial pour le pot-au-feu, et qui se fait en cuivre, en fer battu, en terre, en fonte même; la *coquelle* ou *cocotte* en fonte, où l'on fait cuire les viandes « à l'étouffé »; la râpe à sucre, pour réduire le sucre en poudre; le mortier avec son pilon, pour écraser

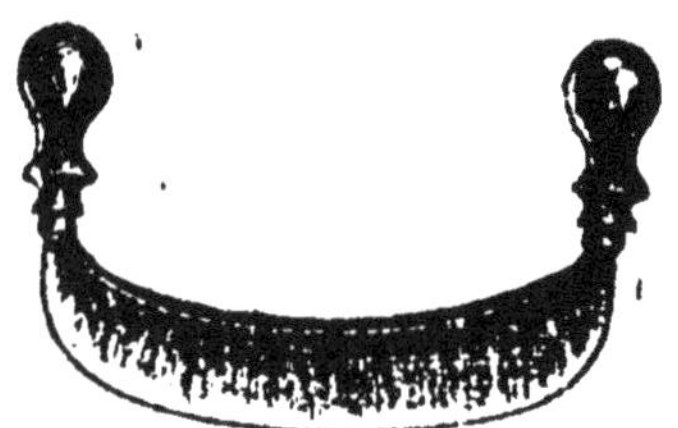

Fig. 23. — Hachoir.

Fig. 24. — A. Bouillotte. — B. Bouilloire.

le sel; le couperet ou hachoir, avec la planche à hacher; le filtre, pour le café; la théière, pour le thé; une ou deux bouillottes ou bouilloires, pour faire chauffer une petite quantité d'eau; enfin quelques fourchettes, cuillers et couteaux spéciaux pour la cuisine.

Disons encore qu'une cuisine bien montée contient bien d'autres petits appareils, et qu'on a d'habitude deux poêles de dimension différente et deux grils, dont l'un est exclusivement réservé au poisson.

QUESTIONS ORALES : 1. Indiquez les ustensiles de cuisine les plus nécessaires. — 2. Combien y a-t-il de sortes de casseroles? Avantages et inconvénients des casseroles de cuivre. — 3. Avantages et inconvénients des casseroles en fer battu. — 4. Avantages et inconvénients des casseroles de terre. — 5. Combien faut-il de casseroles à peu près pour un ménage moyen? — 6. A quoi sert la poêle? — 7. la rôtissoire? — 8. le gril? — 9. la passoire? — 10. l'écumoire? — 11. le chaudron? — 12. Citez quelques instruments de cuisine qui sont moins indispensables que ceux déjà nommés. Pourquoi est-il bon d'avoir deux poêles et deux grils?

DEVOIR ÉCRIT. — Supposez que vous avez à monter un très petit ménage. Quels ustensiles de cuisine achèterez-vous? Dites si vous les choisirez tous en cuivre, en fer battu ou en terre, ou bien si vous prendrez des uns et des autres, suivant leur destination.

QUATRIÈME LEÇON

Bonne tenue de la cuisine et des appareils culinaires.

1. — *Propreté de la cuisine.* — Nous avons dit, dans notre deuxième leçon, que la propreté est une des qualités indispensables à une personne qui fait la cuisine. Or il ne lui suffit pas d'être propre sur sa personne, il faut aussi qu'elle le soit pour sa cuisine et pour les ustensiles

dont elle se sert habituellement. Une cuisine bien tenue, une batterie de cuisine brillante, préviennent tout de suite en faveur de la maîtresse de la maison ou de la cuisinière.

2. — *Meubles de cuisine.* — Les meubles de la cui-

Fig. 25. — Meubles de cuisine.

sine étant ordinairement en bois blanc, sapin ou hêtre, supportent tous les lavages possibles. On les entretiendra constamment en bon état. (Voir 1re partie, 4e leçon, page 14.)

3. — *Nettoyage journalier.* — Chaque matin un des premiers soins de la ménagère sera d'épousseter la cuisine, d'essuyer les vitres des fenêtres, de la parer, en un mot, comme elle le ferait pour la plus belle pièce de la

maison. Le soir, la cuisinière ne quittera pas la cuisine sans la laisser parfaitement propre et en ordre ; mais l'époussetage ne se fera que le matin à la lumière du jour.

4. *Nettoyage hebdomadaire.* — Chaque semaine, la cuisine sera nettoyée à fond ; le plancher ou le carreau sera lavé (voir page 15), le fourneau sera nettoyé (voir page 10), les cuivres seront rendus nets et brillants (voir page 90). La batterie de cuisine nécessitera des soins spéciaux, un nettoyage complet par quinzaine au moins (voir page 10).

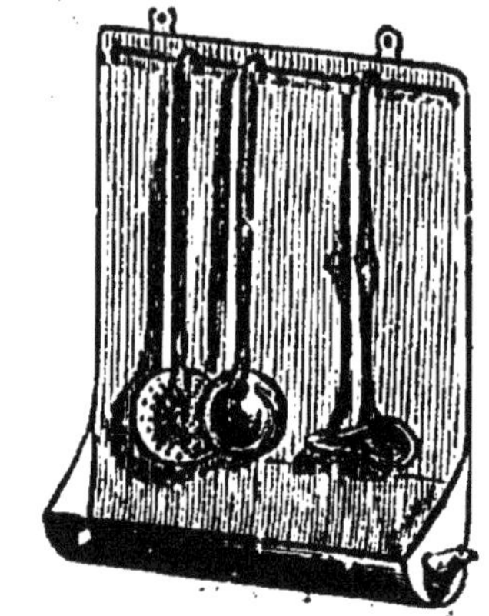

Fig. 26.
Égouttoir pour cuisine.

Il en sera de même des vitres des fenêtres, des flambeaux, des balances, etc., en un mot, de tous les accessoires qui se trouvent ordinairement sur la cheminée ou sur le buffet de la cuisine.

Sur la table de la cuisine, on disposera une petite nappe en toile blanche ou simplement un torchon très propre. Au moment de préparer les repas, la cuisinière enlèvera ce torchon, le pliera, le mettra de côté et le remplacera par un papier qui, s'il est sali au cours des opérations culinaires, sera jeté sans grand dommage. La cuisine finie, toutes choses étant nettoyées, la nappe reprendra sa place sur la table.

5. — *Les torchons.* — Dans une partie spéciale de la cuisine seront disposés des clous où l'on suspendra les torchons, essuie-mains, etc., que l'on renouvellera assez souvent pour que l'œil ne soit pas choqué par leur aspect malpropre. La personne qui fait la cuisine ayant soin d'avoir toujours un torchon spécial suspendu à sa ceinture pour essuyer un couteau, et tout ce qui serait

souillé, les torchons servant au nettoyage de la vaisselle resteront propres très longtemps.

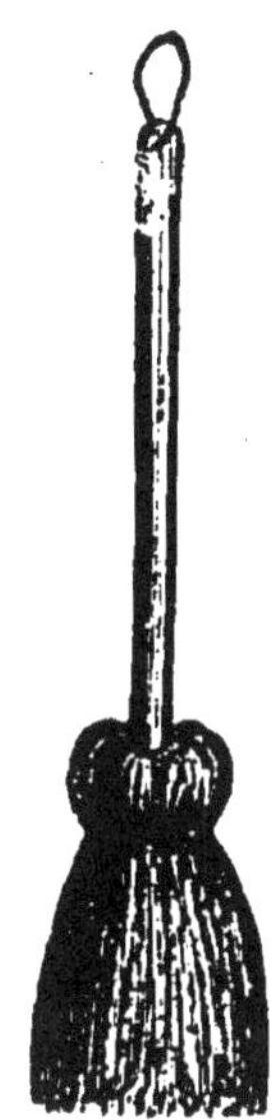
Fig. 27. Lavette en fil.

6. — *Nettoyage de la batterie de cuisine.* — Pour nettoyer les cuivres de la cuisine, que ce soit la batterie tout entière, ou des accessoires, on emploiera du tripoli ou des *brillants* (voir page 90).

Pour la batterie de cuisine en fer battu, on emploie le blanc d'Espagne en poudre, à sec, et l'on frotte fortement. Pour les ustensiles en fonte, un peu d'huile de lin. Les casseroles en terre seront récurées avec du sable fin extérieurement; mais il ne faudra pas s'étonner si, au bout d'un certain temps, elles deviennent noires et finissent par rester telles.

Le fourneau en fonte sera entretenu avec de la mine de plomb, délayée avec un peu d'huile de lin.

7. — *Nettoyage de la vaisselle.* — La vaisselle sera lavée à l'eau chaude, *mais non bouillante*, dans laquelle on aura fait dissoudre un peu de carbo-

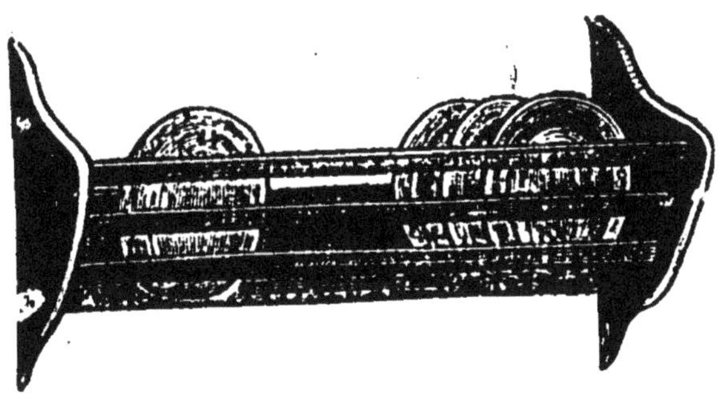
Fig. 28. — Vaissellière.

nate de soude. Avant de plonger dans l'eau les plats et les assiettes, on aura soin de les débarrasser de tout ce qu'ils contiennent de restes de viandes, sauces, légumes, etc. Cette opération se fait en dehors de la terrine à vaisselle, à l'aide de la lavette, au-dessus d'un plat ou récipient quelconque où tombent ces débris. Ainsi l'eau de la vaisselle reste plus longtemps claire, et souvent, grâce à ce procédé, on n'a pas besoin de la renouveler pendant le nettoyage.

On fait égoutter les assiettes dans l'égouttoir ou dans l'évier ; on les essuie avant qu'elles soient complètement sèches.

8. — *Nettoyage des couverts.* — Si l'on veut bien nettoyer les cuillers, les fourchettes, on les lave à part avec de l'eau très chaude où l'on a mis un peu de savon noir. On les rince ensuite à l'eau claire.

Les couteaux sont nettoyés sans être plongés en entier dans l'eau chaude, afin que la lame et le manche ne se décollent pas. La lame seule sera trempée dans l'eau chaude et frottée avec la lavette.

Quand le nettoyage de la vaisselle et des divers ustensiles de cuisine est achevé, la ménagère fait briller la lame des couteaux à l'aide d'une brique spéciale, réduite en une fine poudre avec laquelle elle les frotte. On vend pour cela une planchette spéciale couverte d'un cuir doux sur lequel on passe vivement le couteau. A défaut de cette planchette, on frotte la lame des couteaux avec un bouchon de liège et la poudre de brique.

9. — *Les verres.* — Les verres à boire seront rincés à l'eau tiède, puis tournés à l'envers, laissés à égoutter pendant quelques heures. On ne les essuiera que lorsqu'ils ne seront plus humides. Ainsi ils seront parfaitement brillants.

10. — *Les chiffons.* — Une bonne ménagère aura soin de réunir dans un endroit spécial de sa cuisine des chiffons qui lui serviront à ces divers nettoyages et dont l'emploi économisera beaucoup de torchons.

QUESTIONS ORALES : 1. Suffit-il à une cuisinière d'être soignée dans ses vêtements pour être vraiment propre? — 2. Comment nettoie-t-on les meubles de la cuisine? — — 3. Quel est un des premiers soins de la ménagère chaque matin? — 4. Quels sont les nettoyages de chaque semaine? — 5. Où place-t-on les torchons en service? — 6. Comment nettoie-t-on les cuivres, batterie de cuisine ou autres, le fer battu, les ustensiles en terre, le fourneau? — 7. Comment lave-t-on bien la vaisselle? — 8. les cuillers, les fourchettes, les couteaux? — 9. Comment seront rincés et essuyés les verres? — 10. De quel usage sont les chiffons pour les nettoyages?

DEVOIR ÉCRIT. — Une personne que vous connaissez a la mauvaise habitude de jeter les chiffons de toile, de laine, de coton, restes de ses divers travaux de couture. Supposez que vous causez avec elle; dites-lui qu'elle a tort et enseignez-lui l'usage qu'elle peut en faire pour les nettoyages journaliers.

CINQUIÈME LEÇON

Vocabulaire des termes le plus souvent employés en cuisine.

Il y a un vocabulaire spécial pour la cuisine. — Un écrivain a dit que toute science supposait une langue complète, et cela est vrai non seulement pour les plus hautes sciences, mais aussi pour les plus vulgaires, comme la cuisine, par exemple. En effet, quand on parle de cuisine ou quand on explique des recettes, on emploie certains termes pour des choses ou des actions qu'on ne saurait désigner autrement. Voilà pourquoi, avant d'apprendre la théorie de la cuisine, il faut connaître ces mots et leur sens. C'est ce que nous allons étudier.

1. — *Barder, bardes.* — *Barder,* c'est entourer un morceau de viande, une volaille, un petit oiseau, avec

des plaques très minces de lard, blanc et gras. Ces bandes ou plaques s'appellent des *bardes;* elles ont pour objet de préserver le morceau à rôtir contre l'action trop vive du feu qui dessécherait la chair.

2. — *Blanchir.* — On blanchit des légumes, de la viande de veau, en les plongeant dans de l'eau bouillante, et en les y laissant quelques instants. Cette opération a pour but de ramollir les légumes ou la viande et de leur enlever leur âcreté.

3. — *Brider.* — Brider, c'est attacher, ficeler, coudre une pièce de viande, une volaille, pour lui donner une jolie forme.

4. — *Braiser.* — Pour *braiser* un mets, on le fait cuire dans une cocotte avec de la braise sous l'ustensile, et de la braise sur le couvercle; ainsi la viande cuit doucement, donne tout son jus, lequel ne grille pas et reste parfaitement liquide.

5. — *Bain-marie.* — On appelle *bain-marie* une sorte de casserole hermétiquement fermée par son couvercle, dans laquelle on place les mets qu'on veut faire cuire à l'aide de l'eau bouillante et sans le contact direct du feu. On plonge cette casserole dans un autre récipient plein d'eau bouillante sur le feu, qu'on entretient très vif jusqu'à parfaite cuisson.

Fig. 29. — Bain-marie.

Le terme *bain-marie* s'applique à l'un comme à l'autre de ces deux ustensiles. Il s'applique aussi au procédé lui-même.

On emploie le *bain-marie* pour faire réchauffer des restes de viandes ou de légumes qui, sur le feu, pourraient s'attacher au fond de la casserole ou perdre leur bon aspect. Tels sont les ragoûts, les sauces blanches, les crèmes, etc. Il y a aussi des mets, comme les *œufs au lait,* par exemple, les crèmes, qu'on fait cuire au bain-marie.

6. — *Condiments.* — Les condiments, qu'on appelle aussi des *ingrédients,* sont des substances ou des plantes qui servent à assaisonner ou à parfumer les mets. Les clous de girofle, les cornichons, les échalotes, l'ail, l'oignon, les câpres, le vinaigre, etc., sont des condiments.

7. — *Court-bouillon.* — On appelle ainsi un composé de vin blanc ou rouge, de vinaigre et d'épices ou assaisonnements variés (persil, oignon, ail, échalote, thym, laurier, etc.), dans lequel on fait cuire ou tremper certains aliments avant de les faire cuire. Le court-bouillon modifie la saveur naturelle de ces aliments, la relève et la rend plus appétissante.

8. — *Canapé* ou *croustade.* — C'est une tranche de pain grillé qu'on place sous certaines pièces rôties au moment de les servir. Les oiseaux rôtis se servent sur *croustade* ou *canapé.*

9. — *Dépouiller.* — Dépouiller un lièvre, un lapin, une anguille, c'est leur enlever la peau. On n'arrive à bien *dépouiller* un animal qu'en répétant souvent cette opération qu'on apprend surtout en la voyant faire. Toutes les explications possibles, pour détaillées qu'elles soient, n'enseigneront pas l'art de bien dépouiller proprement et vite l'animal qu'on veut faire cuire.

10. — *Dégraisser.* — Quand on a employé trop abondamment le beurre ou la graisse pour faire cuire un

mets, on le *dégraisse* avant de le servir. Pour le dégraisser complètement, on passe la sauce à travers une mousseline mouillée ou un tamis très fin appelé *étamine.* Si on ne veut pas le dégraisser tout à fait, on se contente d'enlever le surplus de gras avec une cuillère et en opérant très doucement. Le gras se tient toujours à la surface du liquide.

11. — *Dresser.* — On doit donner aux mets qu'on sert un aspect agréable. Pour cela, on les dresse sur le plat, c'est-à-dire qu'on dispose avec goût les morceaux de viande ou les bouquets de légumes qu'on entoure ensuite avec leur sauce. Le poulet découpé et servi tel sera *dressé;* les restes de viandes, de gâteaux, etc., devront toujours être *dressés* sur le plat où ils seront servis, et ne seront jamais servis dans le plat où ils auront été présentés la première fois.

12. — *Écumer.* — Écumer, c'est enlever l'écume qui se produit à la surface de certains liquides lorsqu'ils bouillent. On écume le bouillon du pot-au-feu avec une écumoire; de même, on écume les confitures dont on veut faire de la gelée, spécialement la confiture de groseilles. Pour écumer, on promène légèrement le bord de l'écumoire sur le liquide, sans en remuer le fond.

13. — *Étuver.* — Étuver une viande, des légumes, c'est les faire cuire avec très peu d'eau, dans un récipient bien fermé. Ils cuisent, pour ainsi dire, avec leur propre vapeur et sont plus délicats que s'ils cuisaient avec beaucoup d'eau.

14. — *Feu vif, feu doux.* — Le feu est vif lorsqu'il est très flambant, très ardent; il est doux lorsqu'il donne peu de flamme ou lorsque l'ardeur du brasier est tempérée par des cendres qu'on jette dessus. Tout ce qui grille ou rôtit doit cuire à feu vif; les sauces, les ragoûts, les soupes, doivent cuire à feu doux.

15. — *Farcir.* — On farcit la viande avec une préparation nommée *farce* et qui se compose de lard, épices, condiments, hachés ensemble et ne formant qu'une même masse. On farcit l'intérieur des volailles, des morceaux de viande roulés, et aussi le centre des tomates, des pommes de terre, etc.

QUESTIONS ORALES : Pourquoi est-il utile de connaître le sens de certains termes spécialement employés en cuisine? — 1. Que signifie le mot *barder?* Qu'appelle-t-on *bardes?* — 2. Qu'est-ce que *blanchir, brider,* etc. etc.?

DEVOIR ÉCRIT. — Dans une courte rédaction, rappelez le sens des mots *braiser, dresser* et *blanchir.* Donnez des exemples prouvant que vous les avez bien compris.

SIXIÈME LEÇON

Vocabulaire des termes le plus souvent employés en cuisine (suite).

16. — *Fines herbes.* — Les fines herbes sont le persil, le cerfeuil, l'estragon, la civette ou ciboule ou ciboulette. On les emploie hachées pour assaisonner certaines salades, pour faire des omelettes, etc.

17. — *Foncer.* — Foncer, c'est faire un *fond* à une viande qu'on fait cuire à la casserole. Ce *fond* est composé de minces tranches de lard gras ou de jambon, d'oignons, de carottes, etc. La préparation d'une viande qu'on veut bien foncer est assez longue et coûteuse.

18. — *Gratiner.* — Les gratins sont des mets réduits en purée que l'on recouvre de chapelure (mie ou croûte de pain séchée et réduite en poudre), et que l'on met

ensuite au four pour les dorer. On fait parfois gratiner la purée de pommes de terre, le macaroni, le riz au lait, etc., et ils présentent ensuite à leur surface une mince croûte dorée.

19. — *Garniture.* — On appelle *garniture* d'un plat quelques accessoires qui en augmentent le goût ou l'agrément. Par exemple, les champignons de couches, les petites carottes et les petits oignons entiers, cuits à part le plus souvent, les croûtons frits, les bouquets de persil qui ornent un mets lui servent de *garniture.*

20. — *Lier.* — *Lier,* faire une *liaison*, c'est rendre une sauce, un liquide plus épais, plus onctueux, grâce à ce qu'on y ajoute. Le jaune d'œuf et le beurre sont deux éléments de liaison. Au moment de servir, on *lie* la sauce ou le bouillon en délayant dans un bol un peu de cette sauce avec un ou plusieurs jaunes d'œufs. Ce mélange se fait en tournant toujours le liquide avec une cuiller en bois, sans quoi l'œuf se durcirait. On ne remet pas sur le feu le bouillon ou la sauce qu'on vient de lier. On lie aussi avec du beurre, au moment de servir, en ajoutant le beurre à la sauce et en versant aussitôt dans le plat, qu'on sert immédiatement.

21. — *Larder.* — Pour larder une pièce de viande, on y introduit, à l'aide d'un petit outil spécial appelé *lardoire,* des morceaux de lard coupés minces et longs. Ces *lardons* augmentent la saveur et la souplesse d'une viande un peu trop ferme. Ce procédé s'emploie surtout pour le *bœuf* cuit *à la mode.*

22. — *Mouiller.* — Pour *mouiller* un mets en train de cuire, on y ajoute un peu d'eau ou de bouillon. Le *mouillement* (comme disent les cuisinières) doit se faire peu à peu, par petites quantités à la fois et non d'un seul coup, ce qui ramollit la viande.

23. — *Marinade.* — La *marinade* ressemble au court-bouillon. Elle est composée des mêmes éléments, avec de l'huile en plus. On fait mariner certaines viandes pour les parfumer et en varier le goût. Un filet de bœuf, de porc, un gigot, sont excellents quand ils ont mariné pendant trois ou quatre jours, c'est-à-dire qu'ils ont été plongés dans un mélange d'huile, de vinaigre, de vin blanc et condiments variés. Ensuite on les fait rôtir.

24. — *Mijoter.* — Mijoter, c'est cuire doucement, longtemps, à très petit feu. Les viandes en sauce doivent *mijoter* sur le feu pour être bonnes.

25. — *Pâte à frire.* — La pâte à frire est un mélange épais de farine et d'eau salée. On y trempe des choses déjà cuites et qu'on veut faire frire sans qu'elles se dessèchent. Ainsi on fait des beignets de viande avec un reste de rôti, et des salsifis frits avec un reste de salsifis cuits à l'eau ou en sauce.

26. — *Pocher.* — On ne fait *pocher* que les œufs. Pour cela, l'œuf étant cassé dans une cuillère assez grande pour le contenir entièrement, on plonge cette cuillère dans l'eau bouillante. La glaire de l'œuf épaissit aussitôt, blanchit, se durcit et forme une *poche* dans laquelle le jaune de l'œuf se trouve cuit sans être dur.

27. — *Roux.* — Le *roux* est un mélange de farine et de beurre ou de graisse sur le feu. La farine se colore plus ou moins, et, suivant son degré de coloration, le roux est dit blond ou brun.

Le roux sert de base à presque toutes les sauces chaudes. On y ajoute de l'eau ou du bouillon, des assaisonnements variés, et la sauce est faite.

28. — *Revenir.* — Cette expression signifie *rissoler*, griller légèrement, de manière que la viande ou les légumes *revenus* aient une couleur dorée. On fait tou-

jours *revenir* à feu un peu vif, et on ne quitte pas d'un instant le mets que l'on prépare ainsi, car il suffit d'un peu d'oubli pour qu'il se brûle ou se dessèche.

29. — *Servir*. — « Au moment de servir, » dit-on quelquefois. Cela veut dire quand le mets est dans le plat où on l'apportera sur la table, et non pas quand il est encore sur le feu. C'est « au moment de servir » qu'on ajoute le persil haché sur un bifteck, le morceau de beurre sur une côtelette, le filet de vinaigre ou le jus de citron à une sauce.

Ce que l'on sert ainsi est bien meilleur et plus fin.

Fig. 30. — Chauffe-plats.

30. — *Sauter*. — Faire sauter, c'est passer rapidement sur le feu dans du beurre ou de la graisse sans laisser cuire davantage. On fait sauter des pommes de terre coupées, des haricots, des petits pois cuits à l'eau.

QUESTIONS ORALES : 16. Qu'appelle-t-on fines herbes? — 17. Qu'est-ce que *foncer* un mets? — 18. gratiner? — 19. Qu'appelle-t-on garniture, etc. etc.?

DEVOIR ÉCRIT. — Dites quelles précautions il faut prendre quand on fait *revenir* un mets et ce qu'il faut faire pour le bien *servir*.

SEPTIÈME LEÇON

A quels signes on reconnaît les bons aliments.

1. — *Les bons aliments.* — Il y a pour une bonne ménagère des signes certains qui lui permettent de distinguer les bons aliments des mauvais. On comprend que cette connaissance peut lui être fort utile au double point de vue de l'hygiène et de l'économie. Aussi fera-t-on bien de s'appliquer à retenir les indications que voici.

2. — *Le pain.* — Le bon pain n'est pas toujours le plus blanc, car on le rend ainsi très souvent en ajoutant à la farine de froment des farines diverses blanchies chimiquement et plutôt nuisibles à la santé. Le pain dit « de ménage », qu'on fabrique dans les campagnes, est le plus sain et le plus nourrissant de tous, parce qu'il est complet. On n'a enlevé à la farine de froment aucune de ses qualités en la triturant, en la mêlant à d'autres farines pour la rendre plus blanche, et la levure dont on s'est servi pour le préparer est de la vraie levure de pâte fermentée, ce qui fait le pain moins léger peut-être, mais plus sain.

Le pain bien cuit a la croûte cassante, d'un jaune un peu foncé. Il se coupe facilement au couteau, ne présente pas de gros trous dans la mie; il ne forme pas une pâte quand on en roule un peu entre les doigts.

Il a bon goût et se conserve plusieurs jours sans se durcir outre mesure.

3. — *Le vin.* — Le bon vin est d'un rouge franc et limpide, bien parfumé, ne laisse aucun dépôt au fond des verres et ne tache pas le linge en bleu violacé, mais en rouge vif.

4. — *La viande.* — La bonne viande de bœuf est rouge foncé avec de légères veines blanches; la graisse est d'un blanc jaunâtre. Lorsqu'on laisse dans une assiette un morceau de cette viande, elle y dépose du sang vermeil dont l'odeur n'est pas désagréable.

Pour être bonne, la viande de veau doit être d'un blanc légèrement rosé, la graisse bien blanche. Elle doit être ferme au toucher et n'avoir presque aucune odeur. Il en est de même de la viande de porc.

La viande de mouton est bonne quand elle est rouge vif, juteuse, et quand elle n'a pas une odeur trop pénétrante. La viande de mouton qui sent fort avant d'être cuite sera détestable quand elle aura été apprêtée.

La volaille est bonne lorsque la peau est blanche, très tendue sur des muscles qu'on aperçoit à travers l'épiderme transparent. L'os du *bréchet* (l'extrémité du sternum) doit plier sous le doigt quand on le relève par le bout; c'est ce qui prouve que la volaille est tendre. Une volaille n'est plus bonne à manger dès qu'elle prend une couleur grisâtre ou verdâtre, spécialement au croupion.

5. — *Les légumes.* — Les légumes fraîchement cueillis sont juteux, fortement colorés et fermes au toucher. Dès qu'ils se ramollissent et perdent leur vive coloration, ils perdent aussi leur saveur et leurs qualités nutritives; en cet état ils ne valent guère plus que de l'herbe séchée.

6. — *Le sucre.* — Le bon sucre est brillant, cassant; il fond très facilement dans l'eau.

7. — *Le sel.* — Le sel gris ne doit pas être trop gris pour être bon. Le vrai sel marin est toujours blanc, quelque gros qu'il soit. Le sel gris, ou sel de carrière, ou sel gemme, est de beaucoup inférieur à l'autre.

8. — *Le chocolat, le café.* — Le bon chocolat est d'un brun franc; s'il est sec, sa cassure est nette et bril-

lante. Il ne se ramollit pas et ne se décolore pas en vieillissant; il ne laisse aucun dépôt au fond de la casserole où on le fait cuire.

Le bon café a une odeur pénétrante. Il est brillant, sec, léger; ses grains ont une forme régulière.

Fig. 31. — Brûloir à café.

9. — *Le beurre, la graisse.* — Le bon beurre est d'un jaune pâle; quand on le coupe, il n'en sort aucun liquide blanchâtre, car il a été bien lavé et battu. Son odeur est particulièrement agréable, et il a un léger goût de noisette.

La bonne graisse de porc doit être très blanche et pas trop dure; son odeur doit rappeler celle du lard. Quelquefois on peut rencontrer de la bonne graisse qui n'est pas très blanche; cela vient de ce qu'elle a été trop cuite; mais cet excès de cuisson ne lui enlève rien de sa qualité.

QUESTIONS ORALES : 1. Pourquoi est-il utile à une ménagère de connaître la qualité des aliments qu'elle achète? — 2. A quoi reconnaît-on le bon pain? Quel est le meilleur pain? — 3. Quels sont les caractères du bon vin? — 4. A quoi peut-on reconnaître la bonne viande de bœuf, de veau, de mouton? A quels signes reconnaît-on que la volaille est fraîche et bonne? — 5. Comment doivent être les légumes, pour être bons et sains? — 6. A quoi reconnaît-on le bon sucre? — 7. le bon sel? — 8. le bon chocolat, le bon café? — 9. Quels sont les caractères auxquels on reconnaît le bon beurre, la bonne graisse?

DEVOIR ÉCRIT. — Quelques-unes de vos provisions d'épicerie étant épuisées, vous allez les renouveler. Sur quels points particuliers porterez-vous votre attention pour être sûre de faire de bons achats?

HUITIÈME LEÇON

Soupes, potages, pot-au-feu.

1. — *Soupe et potage.* — On emploie communément le mot *soupe* pour désigner le mets résultant d'un bouillon de viande ou de légumes versé sur des tranches de pain; et l'on réserve le mot *potage* pour le bouillon auquel on ajoute des pâtes d'Italie, du vermicelle, du tapioca, etc...

La soupe est, pour ainsi dire, le mets national français, tandis que dans presque toutes les autres cuisines européennes on trouve surtout des potages.

2. — *Le pot-au-feu.* — Le bouillon le plus parfait est le bouillon de viande qu'on appelle d'une façon bien

Fig. 32. — A. Marmite pour pot-au-feu. — B. Plat aux œufs.

caractéristique *pot-au-feu,* sans doute parce qu'il doit rester longtemps à cuire sur un feu lent et doux. Voici comment on le prépare :

On choisit un morceau de viande de bœuf plutôt maigre que grasse et bien juteuse. On la ficelle en tous sens avec une ficelle fine, car si la cuisson est longue, la viande se détacherait en petits morceaux et ne serait guère plus utilisable. On la met dans une marmite avec l'eau nécessaire, c'est-à-dire dans la proportion de trois livres de viande pour six litres d'eau. Par suite de la cuisson, ces six litres ne donneront guère que quatre à cinq litres de bouillon. Si vous voulez, ajoutez quelques os; mais pour donner leur gélatine, qui rendra le bouillon plus *lié*, ces os doivent être cassés en morceaux gros comme une noix environ; et, comme les os cassés laissent toujours tomber quelques débris, on aura soin de les bien trier un à un avant de les mettre dans l'eau, afin qu'aucun débris ne vienne *troubler* le bouillon.

On met la marmite ainsi remplie sur un feu assez vif. Quand on voit l'écume se former à la surface, on ralentit le feu et on enlève cette écume jusqu'à ce que l'eau en bouillant n'en produise plus. Alors on sale *légèrement*, on ferme hermétiquement la marmite et on fait bouillir à feu moyen.

Pendant ce temps, on prépare deux ou trois grosses carottes bien rouges qu'on fend en deux ou en quatre dans le sens de la longueur, après les avoir râclées; deux navets bien blancs, deux ou trois poireaux moyens (sans les feuilles vertes), un oignon piqué d'un clou de girofle, une petite branche de céleri. Tout cela est lavé avec soin, puis mis dans la marmite, qu'on referme et on laisse bouillir à feu doux cinq à six heures environ. Plus longtemps on laisse bouillir, plus le bouillon se réduit et meilleur il est.

Quand on veut faire d'excellent bouillon pour un malade, on met beaucoup moins d'eau et on laisse cuire sept heures.

8. — *Comment on se sert du bouillon.* — La cuisson terminée et le moment de servir étant venu, on retire du pot d'abord la viande, à l'aide de l'écumoire, car il se peut que, trop cuite, elle doive être soutenue pour ne pas se défaire complètement. On la déficelle et on la met sur un plat non creux. On la servira avec une garni-

ture de persil l'entourant, ou avec les légumes du pot-au-feu, si on ne mange pas ceux-ci avec le bouillon.

Si on veut faire de la *soupe*, on coupe dans la soupière de minces tranches de pain, et on verse là-dessus le bouillon en ayant soin de le passer à travers la passoire.

Si, au contraire, on veut faire du potage, on retire du pot la quantité de bouillon nécessaire; on la met dans une casserole, et, quand ce bouillon bout, on y ajoute du vermicelle ou du tapioca, ou des pâtes d'Italie, etc., dans la proportion convenable pour le nombre de personnes qui doivent en manger.

Quand on fait du bouillon pour plusieurs fois, il faut avoir soin de le saler très peu dans sa première cuisson, et chaque fois qu'on le fera chauffer à nouveau, on rajoutera le sel convenable. Faute de cette précaution, le bouillon finit par être trop salé la dernière fois qu'on le fait chauffer.

Si l'on fait du vermicelle, on aura soin de briser les brins avant de les jeter dans le bouillon. Pour le tapioca, il faut compter un peu moins d'une cuillerée à bouche par assiette de potage. Pour les pâtes d'Italie, il en faut moins encore.

4. — *Comment on conserve le bouillon.* — Une bonne ménagère ne laisse pas le reste du bouillon de viande dans le pot où il a cuit. Elle le verse dans un autre récipient en porcelaine, en ayant soin, comme nous l'avons dit, de le couler à travers la passoire.

S'il fait chaud, ce récipient sera mis dans un endroit frais, à la cave, par exemple, et hermétiquement clos.

En été, pour empêcher le bouillon d'aigrir, on peut jeter dedans un morceau de charbon de bois enflammé.

On fera bien de conserver à la cuisine un peu de bouillon pour ajouter et améliorer les sauces que l'on prépare. Une sauce exclusivement préparée avec du bouillon à la place d'eau est infiniment meilleure.

QUESTIONS ORALES : 1. Qu'appelle-t-on *soupe?* Qu'appelle-t-on *potage?* — 2. Qu'est-ce que le pot-au-feu? Quelle viande choisit-on pour le préparer? Quelle quantité proportionnelle en faut-il? Comment emploie-t-on les os? Expliquez comment on prépare le pot-au-feu. — Combien de temps doit-il cuire et comment? Comment sert-on le bœuf bouilli? — 3. Citez quelques manières d'utiliser le bouillon. Quelle précaution faut-il prendre pour ne pas trop saler le bouillon? — 4. S'il reste du bouillon, où le met-on? Comment utilise-t-on encore le bouillon de viande dans la cuisine?

DEVOIR ÉCRIT. — Vous avez à soigner un convalescent auquel le médecin recommande de boire du bon bouillon. Comment ferez-vous ce *bon bouillon*, qui doit être tonique et reconstituant?

NEUVIÈME LEÇON

Soupes et potages de légumes.

1. — *Diverses sortes de potages.* — Outre le pot-au-feu qui fournit le meilleur des potages, on peut préparer encore diverses autres soupes avec des légumes frais ou secs.

Avec les légumes frais on fait la *soupe Julienne*, qu'on appelle aussi *soupe printanière* ou *paysanne;* la *soupe à l'oseille*, la *soupe aux choux*, la *soupe à l'oignon*. Avec les *légumes secs, haricots, pois, lentilles*, on fait de bons potages fort appréciés, en hiver surtout.

2. — *Julienne.* — La *soupe Julienne*, ou plus simplement la *Julienne*, se fait de la manière suivante :

On coupe en morceaux gros comme une noisette ou une amande des navets, des carottes, des poireaux, un peu de blanc de chou; on fait *revenir* ces légumes ainsi coupés dans du beurre sur un feu assez vif, en ayant soin cependant qu'ils ne noircissent pas. Jetez dessus une bonne cuillerée de farine et laissez prendre couleur.

Fig. 33. — L'épluchage des légumes.

D'autre part, ayez une marmite d'eau bouillante; versez dans cette marmite vos légumes ainsi revenus, puis laissez cuire avec sel et poivre pendant deux bonnes heures, sans que la soupe cesse de bouillir.

On verse la soupe sur du pain, dans la soupière, en y laissant les légumes se mélanger au bouillon. On peut aussi retirer de la marmite avec l'écumoire une partie des légumes, que l'on écrase à part en purée que l'on ajoute ensuite au bouillon.

3. — *Soupe à l'oseille.* — Pour faire la *soupe à l'oseille*, on trie et on épluche de l'oseille, qu'on lave ensuite à plusieurs eaux afin qu'elle ne garde aucun grain de sable. L'oseille est ensuite cuite au beurre, à feu doux, ou passée un instant dans l'eau bouillante avant cette cuisson, si l'on craint son acidité. L'oseille étant dans le beurre, on y ajoute une petite cuillerée de farine qu'on ne laisse pas roussir, puis de l'eau et du lait, ou rien que de l'eau si on n'a pas de lait. Avant de verser le bouillon sur le pain, on *lie* la soupe avec un ou deux jaunes d'œufs et on ajoute sel et poivre nécessaires. Quand on désire que la soupe ait un goût plus prononcé, on fait cuire l'oseille dans le beurre avec un peu d'oignon coupé en très petits morceaux.

4. — *Soupe aux choux.* — Pour faire la *soupe aux choux*, on choisit un joli chou bien blanc, bien dur, bien pommé. On en retire toutes les feuilles vertes et le trognon. On le lave avec soin et on le coupe à très petits morceaux dans un grand plat ou un saladier. Il faut remarquer que le chou se réduit beaucoup par la cuisson et que, par conséquent, il ne faut pas craindre de préparer trop de chou pour une petite marmite. On fait bouillir une marmite d'eau, on y met le chou avec la quantité nécessaire de lard ou de jambon ou de petit salé. On ajoute une grosse carotte, un oignon, un navet, sel et poivre, on laisse cuire trois heures. La soupe n'est bonne que si le chou est bien fondu. Quand on n'a ni lard, ni jambon, ni petit salé à ajouter, on opère pour

cette soupe comme pour celle appelée *Julienne,* c'est-à-dire qu'on fait *revenir* le chou avant de le mettre dans la marmite.

5. — *Soupe à l'oignon.* — La *soupe à l'oignon* est la plus rapide de toutes les soupes. Mettez dans un poêlon, une casserole en métal ou même une poêle, la quantité de beurre (ou de graisse) nécessaire. Coupez un oignon moyen en petits morceaux. Quand le beurre est chaud, jetez-y l'oignon, laissez-lui prendre une couleur blonde, ajoutez un peu de farine, laissez encore le mélange se colorer plus fortement, puis ajoutez l'eau nécessaire, sel et poivre, Laissez bouillir un quart d'heure et versez le bouillon sur de fines tranches de pain, dans la soupière.

Avec la soupe à l'oignon, on sert d'ordinaire une coupe remplie de fromage de gruyère râpé. Chacun en ajoute dans son assiette, suivant son goût.

6. — *Soupes de légumes secs.* — Les *soupes de légumes secs* sont très précieuses l'hiver, quand on n'a pas de légumes frais, ou quand ceux-ci sont trop chers. Le jour où l'on fait cuire les légumes, on peut conserver l'eau où ils ont cuit et faire une soupe avec cette eau ; il suffit pour cela de la verser sur du pain, dans la soupière, où l'on a mis préalablement un bon morceau de beurre.

On peut aussi opérer en réduisant en purée les légumes, haricots, ou pois, ou lentilles.

Pour cela on écrase à part la quantité nécessaire de légumes déjà cuits; puis on fait revenir de l'oignon dans une casserole, avec beurre ou graisse. Quand l'oignon a pris une couleur blonde, on ajoute la purée de légumes, puis l'eau nécessaire. On sale, on poivre, et quand le bouillon bout, la soupe est faite. Il n'y a plus qu'à la verser sur des tranches de pain dans la soupière, ou mieux sur des croûtons qu'on a fait griller dans du beurre.

7. — *Soupe à la panade.* — Cette soupe permet d'utiliser tous les restes de pain, croûtes et croûtons, quelque durs qu'ils soient. On les brise en petits morceaux, de la grosseur d'une noisette, on ajoute de l'eau en quantité suffisante pour qu'ils soient bien imbibés, et on fait mitonner sur un feu doux. Il n'y a pas à craindre que ce soit trop cuit si on a mis assez d'eau. Ajoutez sel, poivre et un bon morceau de beurre.

Si on veut, au moment de servir, casser un œuf dans la soupe, et bien mélanger avec une cuiller de bois.

Toutes ces soupes sont des soupes *de famille.* Il y a aussi des potages de haut goût et de grand prix. Nous n'en parlerons pas ici, parce que nous pensons que c'est une faute que d'attacher une trop grande importance à la préparation des aliments destinés à soutenir nos forces ou à les réparer. Qu'ils soient sains, plutôt agréables que désagréables au goût, afin que notre estomac les digère mieux; voilà tout ce qu'il nous est permis de demander à la cuisine, dont l'objet ne doit jamais être de favoriser la gourmandise.

QUESTIONS ORALES : 1. Avec quoi peut-on faire des soupes très variées? Quelles soupes fait-on avec les légumes frais? avec les légumes secs? — 2. Comment fait-on la Julienne? — 3. la soupe à l'oseille? — 4. aux choux? — 5. à l'oignon? — 6. Comment fait-on les soupes avec les légumes secs? Comment les sert-on? — 7. Comment fait-on la soupe à la panade?

DEVOIR ÉCRIT. — Dites pourquoi il faut apprendre à préparer les soupes *de famille* et pourquoi il vaut mieux s'abstenir de préparer des potages coûteux.

DIXIÈME LEÇON

La viande grillée et rôtie.

1. — La manière la plus saine d'apprêter la viande, c'est de la faire griller ou rôtir. En cet état, elle conserve tous ses sucs nutritifs et elle est plus légère à la digestion.

Mais pour qu'elle soit tout à fait bonne, il faut qu'elle soit cuite à point; et c'est ce *point* juste qu'il n'est pas facile de rencontrer, lorsqu'on n'a pas une grande habitude de la cuisine.

2. — Tout d'abord il faut indiquer la règle générale qui préside à la cuisson de toute viande rôtie, la voici : *Toute viande grillée ou rôtie doit cuire vite.* Le feu doit être vif; la viande ne doit pas s'y s'attarder, sans quoi elle se dessèche, se durcit, son jus se calcine intérieurement, et elle n'est pas agréable au goût ni fortifiante pour la santé. Si au contraire le feu n'est pas assez vif, la viande se ramollit, son jus s'écoule et elle se présente alors avec un déplorable aspect de filasse. Dans ce cas, elle a perdu toutes ses qualités nutritives.

Toutes les viandes ne cuisent pas avec la même rapidité et ne doivent pas être cuites au même degré. Il en est aussi qui ne sont bonnes que saignantes, d'autres qui ne doivent pas être présentées autrement que juteuses, c'est-à-dire avec le sang et les sucs ayant changé de couleur sous l'action du feu.

L'expérience a démontré que pour faire rôtir devant un feu ardent (bois ou charbon) ou au four chaud une pièce de viande, il faut compter : un quart d'heure par livre pour le bœuf et le mouton, une demi-heure par livre pour le veau, le porc et la volaille; quarante minutes par livre pour le gibier, le pigeon, etc.

3. — On remarquera que les viandes rouges doivent être mangées saignantes; que les viandes blanches doivent être servies bien cuites, et que les viandes noires doivent être plus cuites encore pour être agréables et digestives.

Mais la règle relative au temps que nous venons d'énoncer est, comme on le pense bien, sujette à des modifications, modifications qui sont indiquées par le goût des personnes qui doivent manger ces viandes et aussi l'état du feu auquel elles sont exposées.

4. — *Bifteck grillé.* — Le bifteck est une tranche de bœuf choisie dans une des parties les plus tendres de l'animal (cuisse, filet, etc.), et que l'on fait cuire sur le gril. Le gril où est placée la viande est mis sur une couche de braise ardente. Quand la viande est légèrement rissolée d'un côté, on la tourne sur l'autre face. On sale le côté cuit avec du sel fin. Quand la cuisson est terminée, on pose la viande dans un plat où se trouvent quelques petits morceaux de beurre frais. On tient le plat au chaud jusqu'au moment de servir.

On reconnaît que le bifteck est cuit lorsque le jus commence à perler à sa surface.

5. — *Côtelette de mouton grillée.* — Pour faire griller une (ou plusieurs) côtelettes de mouton, on procède absolument comme pour le bifteck; mais, de plus, on a soin, avant de mettre la viande sur le gril, de la couvrir de chapelure sur ses deux côtés. La *chapelure* est de la mie ou de la croûte de pain desséchée et réduite en poudre. Placée sur les viandes qu'on grille, elle les empêche de se rissoler trop vite, de se dessécher et de perdre leur jus. Une bonne ménagère a toujours une provision de chapelure.

6. — *Rôti cuit à la broche.* — Le rôti cuit à la broche est toujours supérieur à celui que l'on fait cuire au four, parce qu'il ne risque pas, comme ce dernier, de

se brûler et de se ramollir sans que la cuisinière s'en aperçoive.

Quelle que soit la pièce à rôtir (bœuf, veau, gigot, etc.), il faut avoir soin, lorsqu'elle est embrochée, de la graisser ou de la beurrer sur toute sa surface avant de l'exposer

Fig. 31. — Une boucherie à la campagne. (*Dessin de Lhermitte.*)

au feu, à moins toutefois qu'elle ne soit entourée de bardes de lard, comme il arrive pour le gibier à plume, perdreau, bécasse, bécassine, petits oiseaux, etc... C'est avec cette graisse ou ce beurre fondus sous l'action du feu et recueillis dans la lèchefrite, qu'on arrose le rôti. C'est une très mauvaise pratique de mettre de l'eau dans le plat destiné à recevoir le jus et d'arroser le rôti avec cette eau.

Lorsque le rôti est suffisamment cuit, c'est-à-dire lorsqu'il fume et que le jus commence à paraître, on le sale de tous les côtés et on ne l'arrose plus. On rend le feu plus doux et on ne tarde pas à servir le rôti ; s'il se refroidit, il perd de son bon goût.

Le jus et la graisse tombés dans la lèchefrite sont servis à part dans une saucière.

On a soin de déficeler (débrider) un rôti avant de le présenter sur la table.

7. — *Rôti cuit au four.* — On prépare un rôti à cuire au four comme un rôti à cuire à la broche ; mais voici les précautions que l'on doit prendre si l'on veut obtenir un bon résultat :

1° S'assurer de la température du four, qui ne doit être ni trop doux ni trop vif. L'habitude et l'expérience seules dirigent en cette affaire.

2° Se procurer une grille ayant la forme du plat où l'on met la viande pour la faire rôtir, et poser la pièce à rôtir sur cette grille, qui isolera la viande et l'empêchera de tremper dans son propre jus pendant la cuisson.

3° Très fréquemment surveiller le rôti, le tourner et le retourner aussi souvent que cela est nécessaire.

QUESTIONS ORALES : 1. Quelle est la règle générale à suivre pour faire bien cuire tout rôti ? — 2. Quel est le temps moyen qu'il faut pour qu'un rôti soit cuit à point ? — 3. Comment doivent être cuites les viandes rouges, blanches, noires ? — 4. Comment fait-on bien griller un bifteck ? — 5. une côtelette ? Pourquoi emploie-t-on de la chapelure pour les côtelettes ? — 6. Comment fait-on rôtir à la broche ? — 7. au four ?

DEVOIR ÉCRIT. — Exposez les différentes manières que l'on connaît pour faire cuire une viande rôtie ou grillée. Précautions à prendre dans chaque cas.

ONZIÈME LEÇON

Les sauces chaudes.

1. — *Les sauces.* — Les sauces sont des préparations culinaires destinées à accompagner certains aliments pour les rendre plus nourrissants ou plus agréables au goût.

Il y a des sauces chaudes et des sauces froides.

Les sauces chaudes ont toutes pour base le *roux.*

2. — *Roux.* — Le *roux* est un mélange de farine et de graisse ou de beurre qu'on place sur le feu et qu'on laisse se colorer en le remuant constamment pour qu'il ne se brûle pas et ne s'attache pas au fond de la casserole. Le roux légèrement coloré est appelé *roux blond.* Plus coloré, on l'appelle *roux brun.*

Quand le roux a pris la coloration que l'on désire, on y ajoute de l'eau peu à peu en remuant toujours, puis du sel, du poivre, des épices ou des condiments variés, qui donneront à la sauce son goût distinctif. C'est ainsi que l'on varie les sauces et qu'on en obtient un si grand nombre et si diverses; mais toutes ont, comme nous l'avons dit, un fond commun, qui est le *roux.*

3. — *Sauce rousse.* — La sauce rousse est un simple roux blond allongé d'eau, auquel on ajoute sel, poivre, un petit oignon, une gousse d'ail (suivant les goûts), un bouquet de persil. On laisse cuire une demi-heure avec les légumes ou la viande qu'on veut assaisonner ainsi.

4. — *Sauce au vin.* — Elle se fait de la même manière que la sauce rousse, mais on ajoute du vin au

lieu d'eau et on laisse cuire trois quarts d'heure ou une heure, car le vin n'est bon que très cuit.

5. — *Sauce aux câpres, aux cornichons, aux olives.* — C'est une sauce rousse à laquelle, au moment de servir, on ajoute des câpres, ou des cornichons coupés fins, ou des olives. On ne laisse pas cuire ces ingrédients dans la sauce, car ils s'y ramolliraient et perdraient toute leur saveur.

6. — *Sauce aux oignons.* — C'est encore une sauce rousse. Pour la préparer, on coupe en tranches minces les oignons. On les fait *revenir* dans la graisse ou le beurre. Lorsqu'ils ont pris une belle couleur dorée, on les saupoudre de farine qu'on laisse colorer en remuant toujours le mélange sur un feu modéré. On ajoute ensuite l'eau nécessaire, sel, poivre, bouquet de persil, et on laisse cuire jusqu'à ce que l'oignon commence à s'écraser.

7. — *Sauce piquante.* — La sauce piquante est une sauce rousse à laquelle on ajoute des échalotes finement hachées, qu'on y laisse cuire jusqu'à ce qu'elles s'écrasent. On y verse ensuite un filet de vinaigre au moment de servir.

8. — *Sauce tomate.* — On choisit des tomates bien mûres dont on enlève la peau et la partie dure du fond. D'autre part on fait un roux peu épais. Lorsqu'il est achevé, on y met cuire les tomates qu'on a coupées en morceaux pour qu'elles s'écrasent plus facilement. On ajoute un petit oignon, gousse d'ail et bouquet de persil, sel, poivre. On laisse cuire à feu doux jusqu'à ce que la tomate soit parfaitement fondue. Si la tomate ne donnait pas assez de jus, on ajouterait l'eau nécessaire; mais il vaudrait toujours mieux n'avoir pas recours à ce moyen. La sauce tomate doit cuire à petit feu. On la passe à travers une passoire fine avant de servir.

9. — *Sauce blanche.* — On mêle dans une casserole, *hors du feu*, du beurre et de la farine. On les place ensuite sur un feu *extrêmement doux* afin que le beurre fonde sans se colorer. Quand le mélange est fait, on ajoute du lait et de l'eau, suivant le goût, puis du sel et du poivre. On laisse cuire à petit feu en prenant garde que la sauce ne se colore pas et ne s'attache pas au fond de la casserole, car elle doit être un peu épaisse pour être bonne et jolie. Au moment de servir, on *lie* la sauce blanche avec un ou plusieurs jaunes d'œuf, ce qui augmente la finesse de son goût.

QUESTIONS ORALES : 1. Qu'appelle-t-on sauces? Combien y a-t-il de sortes de sauces? Quelles sont les plus fréquemment employées? — 2. Qu'est-ce que le *roux?* Comment le prépare-t-on? Qu'appelle-t-on roux blond, roux brun? — 3. Comment fait-on la sauce rousse? — 4. la sauce au vin? — 5. la sauce aux câpres, aux cornichons, aux olives? — 6. la sauce aux oignons? — 7. la sauce piquante? — 8. la sauce tomate? — 9. La sauce blanche?

DEVOIR ÉCRIT. — Expliquez sommairement comment on fait un roux et comment cette préparation est la base de toutes les sauces, excepté de la sauce blanche.

DOUZIÈME LEÇON

Les sauces froides.

1. — *Deux sortes de sauces froides.* — Comme les sauces chaudes, les sauces froides servent à accompagner différents aliments. Elles sont moins nombreuses que les sauces chaudes, car les aliments agréables à manger froids sont rares. Elles se ramènent à deux types : la sauce vinaigrette et la sauce mayonnaise.

2. — *Sauce vinaigrette.* — La sauce vinaigrette est un composé d'huile, vinaigre, sel, poivre, fines herbes ou persil hachés. Quelquefois on y ajoute des câpres ou des cornichons coupés en très petits morceaux ou en fines rondelles.

3. — *Sauce mayonnaise.* — La sauce mayonnaise est un mélange d'huile et de jaune d'œuf cru.

L'huile et le jaune d'œuf ne s'incorporent pas facilement. Pour arriver à obtenir leur parfait mélange, il faut les malaxer longtemps ensemble et n'opérer le mélange que par très petites quantités successives. Voici comment on s'y prend :

On met dans un bol deux jaunes d'œufs crus, après les avoir parfaitement séparés de leur glaire. On verse là-dessus de l'huile d'olive *en remuant toujours* le jaune d'œuf avec une cuiller en bois. L'huile doit être versée d'abord goutte à goutte, puis en un filet continu. On n'arrête pas de remuer le mélange, du même mouvement, jusqu'à ce que la sauce ait pris la consistance d'une crème épaisse. Alors on ajoute du sel, du poivre, un filet de vinaigre ou, mieux, du jus de citron, mais en continuant encore de remuer la sauce.

On comprend que cette préparation culinaire n'est pas facile à réaliser par une seule personne, à moins que celle-ci ne soit fort adroite et qu'elle n'ait une longue habitude de ce genre de travail. A deux, au contraire, la mayonnaise n'offre aucune difficulté de préparation. Une personne remue l'œuf tandis que l'autre verse l'huile de la façon qu'il est dit plus haut, et le résultat est vite obtenu.

4. — Pour bien réussir une mayonnaise, il faut :

Ne pas être pressé ; que l'œuf soit frais, et l'huile de bonne qualité ; ne pas opérer dans un endroit chaud, près d'un fourneau allumé par exemple, ce qui risquerait de faire « tourner » la mayonnaise.

5. — On dit que la mayonnaise est « tournée » lorsque l'huile et l'œuf ne se mêlent pas parfaitement, de telle sorte que celui-ci reste en grumeaux. Cela peut se produire pour plusieurs raisons, soit parce qu'on a versé l'huile trop vite et trop abondamment en commençant, soit parce que l'œuf n'est pas frais, soit parce qu'il fait trop chaud, soit parce que le vinaigre ou le jus de citron y sont versés sans précaution, etc.

Quand une mayonnaise a « tourné », on peut quelquefois réparer le dommage en s'y prenant de la manière suivante :

On laisse reposer la mayonnaise jusqu'à ce que l'œuf et l'huile soient parfaitement séparés. L'huile sera à la surface et l'œuf, plus lourd, sera au fond du vase. Alors on verse doucement l'huile dans un récipient quelconque. On met dans un autre bol un autre jaune d'œuf et on recommence la mayonnaise en utilisant l'huile qui avait d'abord servi. Quand la sauce est terminée, on peut aussi y verser l'œuf de la mayonnaise précédente, mais peu à peu, avec de grandes précautions, et en tournant toujours le mélange.

6. — *Utilisation des sauces froides.* — La *sauce vinaigrette* sert particulièrement à assaisonner le bœuf bouilli froid, coupé en petits morceaux. On l'emploie aussi pour accompagner les légumes cuits à l'eau et qu'on veut manger à la vinaigrette : choux-fleurs, artichauts, haricots verts, pommes de terre. On peut aussi la servir pour accompagner le poisson bouilli.

La *sauce mayonnaise* sera servie avec les viandes froides, spécialement avec les rôtis : rôti de bœuf, rôti de veau cuits de la veille. Le mouton est moins bon avec cette sauce que les autres viandes. Elle convient très bien aussi aux viandes blanches et surtout à la volaille. Une volaille froide servie avec une mayonnaise est un plat délicat.

Cette sauce sert d'accompagnement aux poissons les plus délicats : saumon, truite saumonnée, barbue, turbot, que l'on a précédemment fait cuire au court-bouillon et qu'on mange froids ou tièdes.

7. — *La mayonnaise et la salade.* — Une autre bonne manière de l'employer, c'est de s'en servir pour rendre plus confortable une salade, par exemple : pommes de terre coupées en rondelles, restes de volaille rôtie, mâche ou cresson. On met la sauce mayonnaise au fond du saladier, la salade par-dessus, les restes de volaille dressés tout autour avec les ronds de pommes de terre. Ainsi on a un plat qui tient sa place dans un menu modeste, pour une famille dont l'appétit ne se fût pas contenté d'une simple salade et d'un peu de viande.

Les sauces froides se servent dans la saucière.

QUESTIONS ORALES : 1. Quelles sont les deux principales sauces froides ? — 2. Comment fait-on la sauce vinaigrette ? — 3. Comment fait-on une mayonnaise ? — 4. Quelle est la condition première à réaliser pour réussir une sauce mayonnaise ? — 5. A quels signes reconnaît-on qu'une mayonnaise est « tournée » ? Quelles sont les raisons qui peuvent la faire tourner ? Peut-on refaire une mayonnaise manquée ? — 6. A quoi emploie-t-on la sauce vinaigrette ? la sauce mayonnaise ? — 7. Comment une salade faite de restes de viandes, de mâches et de pommes de terre peut-elle être rendue un mets délicat ?

DEVOIR ÉCRIT. — On vous a expliqué comment on s'y prenait pour faire une mayonnaise : résumez par écrit ces prescriptions.

TREIZIÈME LEÇON

Utilisation de sauces chaudes.

Nous allons revenir un peu en arrière et parler à nouveau des *sauces chaudes*, qui ont fait l'objet de notre onzième leçon.

1. — *Emplois de la sauce rousse.* — La *sauce rousse* est la plus employée de toutes les sauces. Elle convient à toutes les viandes et à presque tous les légumes. C'est une sauce rousse que l'on fait pour préparer les ragoûts de bœuf, de veau, de mouton aux pommes de terre. C'est encore le plus souvent à l'aide d'une sauce rousse qu'on assaisonne les restes de viande rôtie cuite la veille et qu'on veut présenter d'une façon plus confortable que tout simplement froide. Très souvent, lorsqu'on utilise ainsi la sauce rousse, on ne sert pas sur la table les condiments que l'on a fait cuire dans cette sauce, tels que oignon, ail, etc. On les retire et on les jette avant de servir. Dans les pays du Midi de la France, où on aime la cuisine d'un goût relevé, on les retire, on les écrase à part, on les passe à travers une passoire ou un fin tamis, et on les remet en cet état dans la sauce.

Pour le ragoût de mouton aux pommes de terre (navarin) ou aux navets, le ragoût de veau aux carottes, aux oignons, les ragoûts de viande préparés à l'aide de sauce piquante ou au vin, etc., on emploie la sauce rousse.

2. — *Usages de la sauce au vin.* — La sauce *au vin* est spécialement employée pour cuire certains poissons, comme les anguilles, la dorade, etc. On fait aussi des *daubes*, composées de bœuf cuit à très petit feu et long-

temps, dont la sauce au vin rouge est l'accompagnement obligatoire.

Les sauces au vin blanc sont plus légères et plus fines et conviennent à certains poissons, comme les soles qu'on fait gratiner, et à certaines préparations dont on accompagne le filet de bœuf rôti (sauces madère).

3. — *Utilisation de diverses sauces.* — Les sauces *piquante, aux cornichons, aux câpres, aux olives,* sont employées surtout pour accompagner des restes de viande rôtie, gigot ou bœuf.

La *sauce aux olives* va très bien avec le canard qu'elle accompagne cuit à l'étouffée, c'est-à-dire longtemps sur feu doux, dans un vase bien clos.

La *sauce aux oignons,* appelée *miroton,* accompagne le bœuf qui a servi à faire du bouillon. Le bœuf bouilli en miroton doit cuire longtemps et à feu doux, devenir très tendre sans cependant tomber en charpie, ce qui est difficile à obtenir.

La *sauce tomate* va bien avec toutes les viandes. Un filet de bœuf, un morceau de veau rôtis ou cuits dans leur jus, du bœuf bouilli, sont très bons accompagnés de sauce tomate. De même des pommes de terre, des bettes ou cardons, des haricots blancs, du macaroni sont agréables au goût avec de la sauce tomate.

Quant à la *sauce blanche,* très fine, très délicate, elle se sert comme accompagnement de légumes cuits à l'eau, choux-fleurs, artichauts, salsifis, asperges; elle va très bien encore avec des poissons cuits à l'eau ou au court-bouillon, turbot, barbue, grosse sole, etc. Presque toujours on la sert à part.

QUESTIONS ORALES : 1. A quoi emploie-t-on la *sauce rousse?* Sert-on avec la sauce rousse les condiments qui ont servi à la parfumer ? Que fait-on parfois de ceux-ci? — 2. A quoi emploie-t-on la sauce au vin? A quoi servent les sauces au vin blanc? — 3. Les sauces d'un goût relevé, comme la sauce piquante, la sauce aux câpres, aux cornichons, aux olives, sont-elles très employées? Quel est l'usage spécial de cette dernière? Comment prépare-t-on le *miroton?* A quels usages emploie-t-on la sauce tomate? — 11. Comment se sert-on de la sauce blanche?

DEVOIR ÉCRIT. — Il vous reste du repas de la veille un bon morceau de bœuf rôti. Vous voulez en faire un plat chaud, bien confortable; à quelle sauce le préparerez-vous et comment?

QUATORZIÈME LEÇON

Bonne cuisson de la viande de bœuf.

1. — Les caractères de la bonne viande de bœuf ont été décrits page 119, nº 4.

Avec cette viande, on prépare de nombreux plats. Nous allons citer les principaux et en expliquer brièvement la préparation.

2. — *Bœuf bouilli.* — C'est le bœuf qu'on fait cuire avec de l'eau, des légumes; c'est ce qu'on appelle ordinairement *pot-au-feu.* Le bouilli qui a donné un bon bouillon, c'est-à-dire qui a cuit longtemps, est ordinairement peu agréable, parce qu'il est trop mou et qu'il a perdu tout son jus. Cependant lorsqu'on a choisi un joli morceau de gîte à la noix (tranche, cuisse ou culotte), cet inconvénient est moins sensible.

Avant de mettre à cuire le morceau de bœuf destiné à être mangé bouilli, on le ficelle solidement avec une ficelle fine. Dans certaines régions du Midi, on le pique d'une gousse d'ail.

On sert le bœuf bouilli déficelé, égoutté, sur un plat rond et plat, entouré de persil ou de cresson. On le mange avec de la moutarde ou des cornichons, ou simplement avec du gros sel. Parfois on l'accompagne d'une sauce servie à part dans la saucière (*Voir la XIIIe leçon sur l'utilisation des sauces chaudes*).

Le bœuf bouilli peut aussi être présenté en « miroton ».

3. — *Bœuf rôti.* — On choisit de l'aloyau ou du filet. On fait cuire devant un feu de flamme ou de braise, à feu vif d'abord, puis à feu plus doux, et environ un quart d'heure de cuisson par livre de viande. On arrose avec du beurre ou du saindoux dont on a enduit la viande en la mettant à la broche. On sale avec du sel fin un peu avant de servir, et dès lors on n'arrose plus. Le jus se sert à part dans une saucière.

Remarque. — Un filet de bœuf qu'on a piqué de très fins lardons avant de le faire rôtir est plus délicat.

4. — *Bœuf à la mode.* — On emploie surtout pour cela un morceau de bœuf pris dans la *tranche.* On le pique de gros lardons. On le met dans une *coçotte* ou *coquelle*, quelques morceaux de lard gras et maigre, oignons, tranches de carottes, bouquet garni, ail, clou de girofle, un pied de veau et un peu d'eau-de-vie. On ajoute de l'eau ou du bouillon, de manière que la viande soit tout juste couverte, sel, poivre. On place la cocotte bien fermée sur un feu doux, et on laisse cuire cinq heures au moins.

Le bœuf à la mode est servi dans un plat creux. La sauce est versée après avoir été dégraissée.

5. — *Bœuf à la ménagère.* — On le fait « revenir » dans la casserole avec de petits oignons. Lorsque viande et légumes ont pris couleur, on y jette une cuillerée de farine, puis on ajoute eau et bouillon, bouquet garni, sel, poivre, et on laissse cuire à feu doux pendant deux ou trois heures.

6. — *Bœuf au gratin.* — On le prépare avec un reste

de bouilli froid assez ferme pour être coupé en tranches minces et régulières.

On beurre un plat allant au four. On jette ensuite de

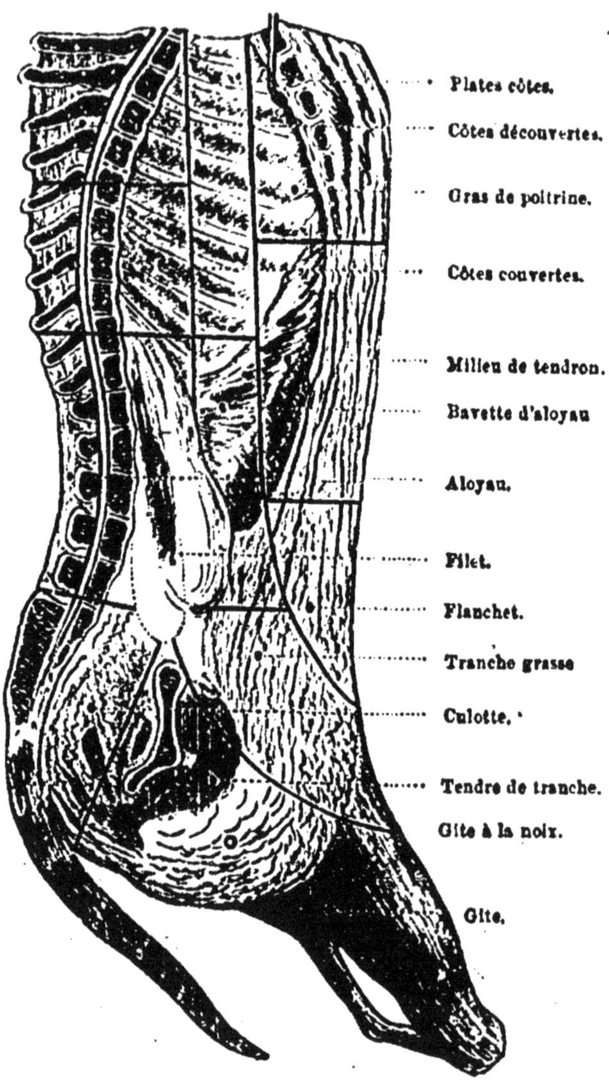

Fig. 35. — Pièces du bœuf.

la chapelure sur cette couche de beurre. On dispose ensuite sur ce fond les tranches de bœuf accompagnées de très petits morceaux de beurre, sel, poivre, persil haché (parfois échalotes hachées). On met au four, ou bien on fait cuire sous un couvercle couvert de braise. Au bout d'un quart d'heure, on arrose avec un peu de bouillon et on laisse cuire un quart d'heure encore. On sert dans le plat où le mets a cuit.

7. — *Langue de bœuf.* — On la fait cuire d'abord dans le pot-au-feu, puis on la met dans une sauce piquante où on la laisse mijoter un quart d'heure. On la sert avec cette sauce.

8. — *Rognon de bœuf.* — On le débarrasse des peaux et des nerfs qui l'encombrent, on le coupe en morceaux et on le jette dans une casserole avec du beurre et un peu de farine. On remue jusqu'à ce que l'amalgame soit parfait et à peine coloré. On ajoute alors du vin blanc (ou du madère), un peu de bouillon, sel, poivre. Dès que la sauce a bouilli un quart d'heure, le rognon est cuit. Le laisser plus longtemps serait le faire durcir. On sert après avoir jeté sur le tout un peu de persil haché. Cuire à feu vif.

QUESTIONS ORALES : 1. A quoi reconnaît-on la bonne viande de bœuf? — 2. Comment prépare-t-on et sert-on le bœuf bouilli? — 3. Comment fait-on rôtir un filet de bœuf? — 4. Comment fait-on le bœuf à la mode? — 5. le bœuf à la ménagère? — 6. le bœuf au gratin? — 7. Comment fait-on cuire la langue de bœuf? — 8. le rognon de bœuf?

DEVOIR ÉCRIT. — Vous allez au marché pendant que votre mère est absente. Elle vous a dit d'acheter un morceau de bœuf pour le dîner. Quel morceau choisirez-vous, et comment le ferez-vous cuire ?

QUINZIÈME LEÇON

Bonne cuisson de la viande de veau.

1. — Nous avons déjà décrit, page 119, n° 4, les caractères de la bonne viande de veau.

Cette viande est aussi bonne froide que chaude, et c'est là une de ses propriétés les plus appréciées. Beaucoup de personnes même la préfèrent cuite de la veille, refroidie et servie avec une sauce appétissante.

Elle ne s'emploie pas pour faire du bouillon, sauf des cas particuliers, lorsqu'on veut obtenir un très léger bouillon pour des malades ou des enfants. Alors on ajoute une carcasse de volaille rôtie, des abatis de poule ou de poulet. Le bouillon ainsi obtenu est savoureux, agréable, mais peu nourrissant.

2. — *Veau rôti.* — Les morceaux de veau bons à être rôtis sont : la *longe* et le *quasi*. La *longe* est une partie de l'échine. Elle contient, lorsqu'elle est découpée, un peu de *filet*, partie la plus tendre de l'animal. Le rôti fait avec la longe a une jolie forme; mais il faut prendre garde que le boucher ne laisse un trop long morceau de peau. Souvent on y fait ajouter un morceau de rognon qu'on glisse entre les deux parties de la viande et qui, étant cuit ainsi, forme un manger fort délicat. Lorsqu'on fait rôtir cette partie du veau, il faut l'arroser fréquemment pendant l'opération, sans quoi elle serait sèche et peu agréable.

Le *quasi*, ou morceau de la cuisse de veau, est moins fin que la longe, mais il est presque aussi tendre et moins sec.

Pour faire un bon rôti de veau, on l'enduit de graisse ou de beurre, après l'avoir embroché, et on le fait cuire d'abord à un feu très vif. Quand la viande est dorée et

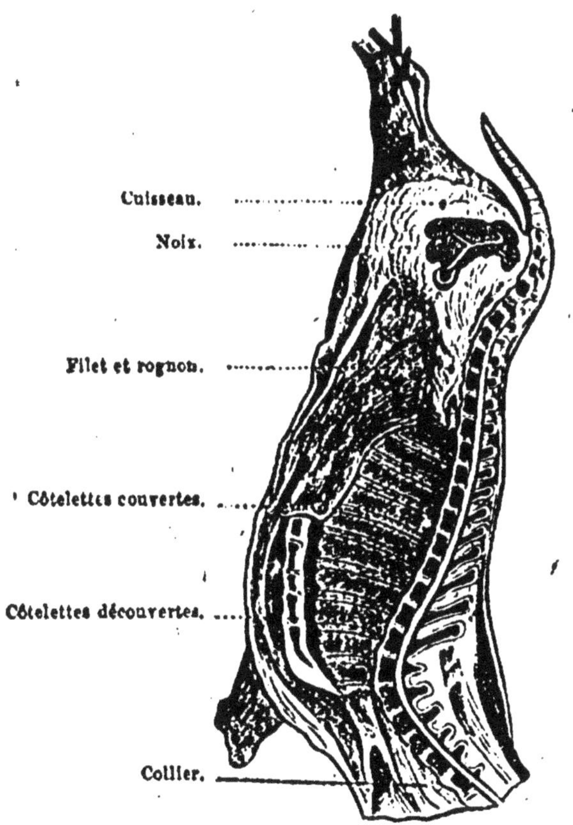

Fig. 30. — Pièces du veau.

croustillante à sa surface, on modère le feu, ou on éloigne la viande et on laisse cuire à feu plus doux, mais non trop doux, car alors elle perdrait son jus et se ramollirait. On arrose souvent la viande pendant la première partie de la cuisson. Ensuite on la sale avec du sel fin et on n'arrose plus.

Pour la bonne cuisson du veau rôti, on compte une demi-heure par livre.

Le rôti de veau se sert sur un plat long qu'on a fait

chauffer préalablement. Le jus est mis à part dans une saucière.

3. — *Veau à la bourgeoise* (ou *veau à la casserole*). — On choisit un morceau dans la *noix* ou dans le *quasi;* s'il est maigre, on le pique de fins lardons. On le fait revenir dans la graisse ou le beurre à feu vif, et on le laisse cuire ainsi en modérant le feu, de manière que la viande ne s'attache pas à la casserole. Quand elle a une belle couleur dorée, on y ajoute deux carottes coupées en morceaux longs, un oignon entier, un bouquet garni, un verre ou deux de bon bouillon ou d'eau; on sale, on poivre et on achève la cuisine à feu doux, la casserole étant bien fermée. (La première partie de l'opération se fait à casserole découverte.)

On sert en retirant d'abord la viande et en la mettant sur un plat rond et plat. On passe la sauce à travers une passoire en la versant sur la viande. Les carottes et oignons doivent être réduits en purée si la sauce est bien cuite.

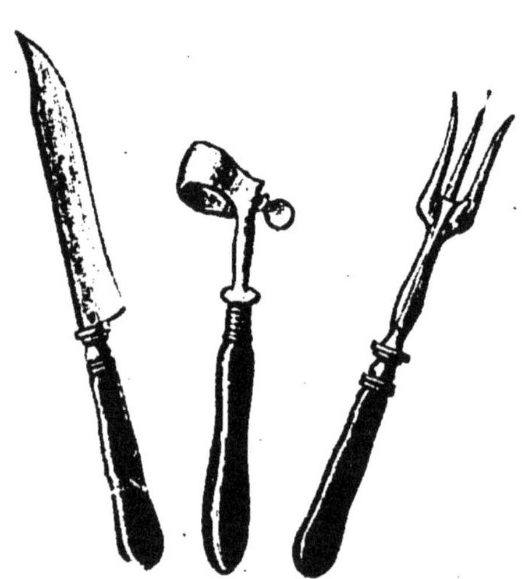

Fig. 87. — Service à découper.
Couteau, manche à gigot et fourchette.

4. — *Veau en blanquette.* — On choisit surtout pour cela un morceau de la poitrine appelé *tendron;* mais toute autre partie de l'animal peut être préparée de cette manière. La viande étant coupée en morceaux, on jette ces morceaux dans une casserole d'eau bouillante et on les y laisse quelques minutes pour les faire *blanchir*. En effet, après cette opération, la viande a pris un ton blanchâtre

qu'elle conservera pendant toute la cuisson; cela fait, on la retire de la casserole et on la fait égoutter dans une passoire.

D'autre part, on met dans une casserole un bon morceau de beurre roulé dans la farine et on le fait fondre sur un feu doux, en remuant avec une cuillère de bois jusqu'à ce que la farine et le beurre soient incorporés. Alors on ajoute la viande, puis de l'eau, et enfin quelques oignons blancs, du sel et un peu de poivre. On rend la sauce très fine en y ajoutant aussi un peu, très peu, de lait. On laisse cuire à feu doux pendant une demi-heure au moins.

Au moment de servir, on retire la casserole du feu et on *lie* avec un jaune d'œuf. On sert dans un plat rond et creux.

5. — *Côtelette de veau.* — La côtelette de veau n'est bonne que si elle provient d'un très jeune animal. On peut la faire cuire sur le gril, après l'avoir pannée comme la côtelette de mouton, ou dans la poêle, sur un feu assez vif; on la sert couverte de fines herbes hachées ou simplement salée ou poivrée.

6. — *Foie de veau.* — Le foie de veau est un morceau très délicat qui se vend assez cher dans les villes. On le fait cuire *à l'étouffée,* c'est-à-dire *à la bourgeoise* (comme il est dit plus haut pour le quasi de veau). Seulement on a soin de le larder, sans quoi sa chair est trop sèche. On le fait aussi sauter à la poêle, c'est-à-dire cuire comme il est dit pour le rognon de bœuf. On le met encore en brochettes, c'est-à-dire qu'on le coupe en petits morceaux carrés qu'on enfile sur de petites broches spéciales, en les faisant alterner avec des carrés de lard gras de même dimension. On fait rôtir sur le gril, ou au four, ou devant un feu vif. On sale avant de servir. C'est, au dire des gourmets, un des meilleurs moyens de préparer le foie de veau.

7. — *Cervelle de veau.* — Aliment délicat que l'on fait cuire à l'eau d'abord et que l'on sert avec une sauce : sauce rousse, sauce blanche, sauce piquante, sauce tomate, selon les goûts. On peut aussi couper la cervelle en morceaux et la faire sauter au beurre noir. Pour cela on met un gros morceau de beurre dans une casserole où on le laisse fondre et brunir un peu ; quand il est coloré, on y met les morceaux de la cervelle (qui a été préalablement cuite à l'eau, égouttée, refroidie), et on les laisse dans ce beurre juste assez longtemps pour qu'ils se réchauffent. Alors on les retire, on verse le beurre dessus et on jette sur le tout un peu de persil haché.

8. — *Rognon de veau.* — Il se prépare comme le rognon de bœuf.

9. — *Langue de veau.* — Elle se prépare comme la langue de bœuf.

(Nota : Le veau déjà cuit ne doit pas être *blanchi*, et la sauce obtenue sera colorée au lieu d'être blanche; le mets n'en sera pas moins agréable au goût, quoique différent.)

QUESTIONS ORALES : 1. Quelle est la principale qualité de la viande de veau? L'emploie-t-on pour faire du bouillon? — 2. Comment fait-on rôtir un morceau de veau, et quel morceau choisit-on de préférence? — 3. Comment prépare-t-on le veau à la bourgeoise? — 4. le veau en blanquette? — 5. Comment fait-on cuire une côtelette de veau? — 6. Comment prépare-t-on le foie? — 7. la cervelle? — 8. le rognon? — 9. la langue de veau?

DEVOIR ÉCRIT. — D'un rôti de veau servi la veille, il est resté à la cuisine de quoi faire un plat fort suffisant. Comment le préparerez-vous en vous servant de la recette du veau en blanquette?

SEIZIÈME LEÇON

Bonne cuisson de la viande de mouton.

1. — *Caractères de la bonne viande de mouton.* — La bonne viande de mouton est d'un rouge très vif. La graisse doit être blanche et non jaune, sans aucune odeur de suif. Certaines espèces de moutons produisent

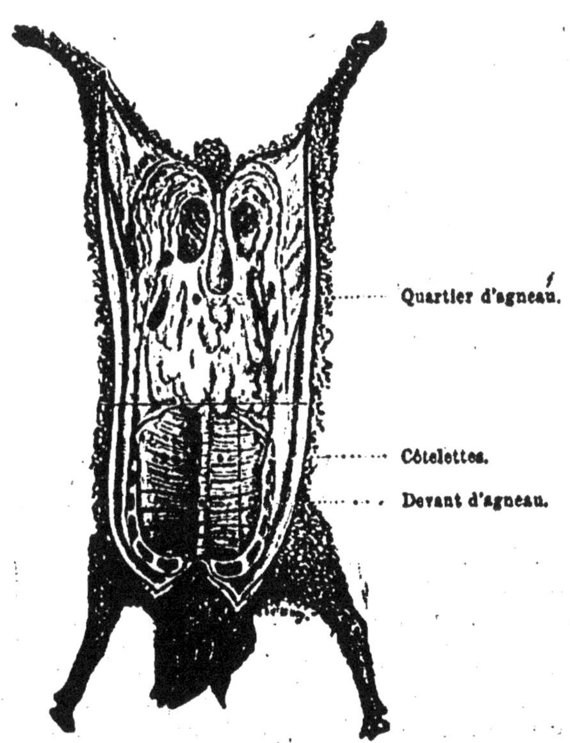

Fig. 38. — Pièces du mouton.

des animaux assez gros, d'autres des animaux plus petits; il ne faut donc pas croire que la viande de tel mouton est meilleure, parce que le gigot ou l'épaule, ou le filet, sont plus ou moins volumineux : la qualité n'a rien à voir avec les dimensions de l'animal. Cependant on est assez d'accord pour trouver que les petites espèces sont plus savoureuses que les grosses; mais ces dernières sont plus avantageuses à l'achat, parce que les parties charnues sont, par rapport aux os, plus considérables que dans les petits moutons.

Les parties du mouton que l'on mange le plus souvent sont : le gigot, les côtelettes, l'épaule. On ne mange pas la tête du mouton ; la langue est peu estimée; la cervelle est très délicate; les pieds forment une nourriture appréciée de certaines personnes.

2. — *Gigot.* — Le gigot de mouton se fait rôtir ou

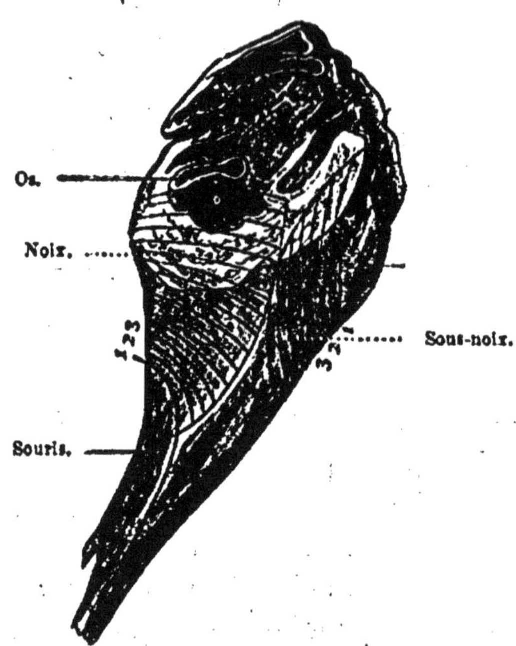

Fig. 39. — Le gigot. — Les chiffres indiquent dans quel ordre les morceaux peuvent être découpés. — On peut aussi couper parallèlement (et non perpendiculairement) à l'os.

cuire à l'étouffée. Pour le rôtir, on emploie les mêmes moyens que ceux indiqués pour le filet de bœuf. Dans le Midi, on introduit une gousse d'ail dans la chair du gigot, vers le manche. Pour le cuire à l'étouffée, on le met (piqué d'ail, si on l'aime ainsi) dans une cocotte, où on lui fait prendre couleur à feu vif, puis on le laisse cuire à feu très doux, n'ayant pour tout assaisonnement que le beurre où on l'a fait revenir et le jus qu'il rend.

Pour cuire un gigot à la broche, il faut compter un quart d'heure par livre; pour le cuire à l'étouffée, il faut compter environ deux heures et demie à trois heures pour un beau gigot.

3. — *Épaule.* — L'épaule du mouton doit être désos-

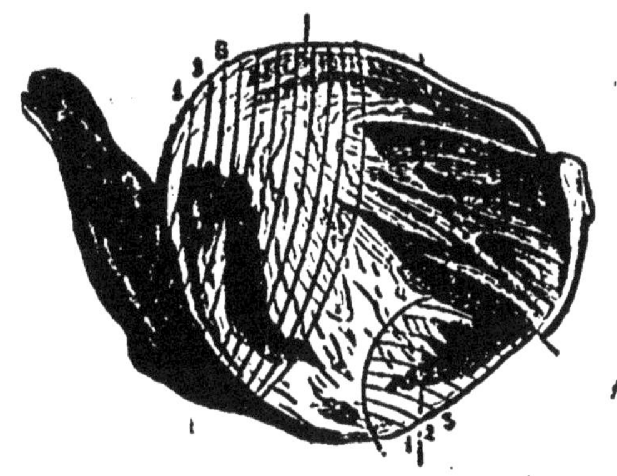

Fig. 40. — L'épaule de mouton.

sée, la *palette* doit en être retirée; ensuite on farcit la chair, c'est-à-dire qu'on étale sur celle-ci, avant de la rouler, une farce composée de la manière suivante : chair à saucisses (ou lard gras), veau haché, mie de pain trempée dans du bouillon ou du lait, sel, poivre, épices, ail ou échalote, persil suivant le goût. Quand tout cela est haché et mêlé ensemble, on y ajoute un œuf entier et on mêle encore, de manière que l'œuf pénètre partout; ainsi, en cuisant, la farce se solidifiera grâce à l'œuf. Cette farce étendue sur la viande, on roule celle-ci, en y enfermant la farce, on coud les bords et on fait rôtir, ou mieux encore cuire à l'étouffée, comme il est dit pour le gigot.

4. — *Côtelettes.* — On les sale, on les couvre de cha-

pelure des deux côtés et on les met sur le gril. On reconnait qu'elles sont cuites lorsque le jus perle à la surface. On les sert dressées sur une purée de pommes de terre, ou entourées de pommes de terre frites.

5. — *Filet de mouton.* — On le fait rôtir comme le gigot.

6. — *Ragoût de mouton aux pommes de terre (navarin) ou aux navets.* — On se sert pour cela des morceaux les moins estimés du filet et des basses côtelettes. Dans une casserole, avec du beurre ou du saindoux, on fait revenir les morceaux de mouton ; on les retire quand ils sont dorés, et on met à leur place des pommes de terre ou des navets coupés en morceaux et quelques petits oignons. Quand les légumes ont pris couleur, on ajoute de la farine et on fait un roux. Ensuite, on replace les morceaux de viande dans la casserole, on ajoute eau, sel, poivre, gousse d'ail, bouquet garni, et on laisse cuire à feu doux. On prendra garde que les légumes ne s'écrasent pas.

7. — *Cervelle de mouton.* — On la fait frire après l'avoir *blanchie.* On la sert entourée de persil frit.

8. — *Rognons de mouton.* — On les fait cuire en brochettes, comme le foie de veau.

9. — *Pieds de mouton.* — On les fait un peu cuire à l'eau, puis on les met dans une sauce poulette ou sauce blanche, où on les laisse achever leur cuisson. On peut aussi les manger à la vinaigrette.

10. — *Restes de gigot.* — Les restes d'un gigot rôti sont découpés en tranches minces qu'on dispose sur un plat en couronne, avec bouquets de persil ou lit de cresson ; on les mange froides avec moutarde, cornichons, etc.

Si l'on veut en faire un mets chaud, on prépare une sauce piquante dans laquelle on les met réchauffer un instant avant de servir.

QUESTIONS ORALES : 1. A quels signes reconnaît-on la bonne viande de mouton? La viande des gros moutons est-elle préférable à celle des petits? Quelles sont les parties du mouton les plus délicates? — 2. Comment fait-on cuire un gigot? — 3. une épaule de mouton? — 4. une côtelette? — 5. Comment prépare-t-on le filet de mouton? — 6. Comment fait-on un ragoût de mouton? — 7. Comment fait-on cuire et comment sert-on la cervelle? — 8. les rognons? — 9. les pieds de mouton? — 10. Comment peut-on utiliser les restes d'un gigot?

DEVOIR ÉCRIT. — Comment utiliserez-vous les restes d'un gigot rôti?

DIX-SEPTIÈME LEÇON

Les jambons et les pâtés.

1. — *Comment on fume un jambon.* — Le jambon se mange surtout *fumé :* mais on ne peut guère entreprendre de fumer un jambon ailleurs qu'à la campagne. Voici comment on procède à cette opération, de préférence l'hiver, et, s'il se peut, par un temps froid.

Broyez ensemble quinze grammes de salpêtre et quatre ou cinq clous de girofle, et frottez-en fortement le jambon; puis salez celui-ci à raison d'une livre de sel pour un jambon de cinq kilos. Huit jours après, faites fondre dans de l'eau une quantité de sel égale à celle déjà employée; ajoutez à cette saumure une quantité de vin (ou de lie de vin, d'eau-de-vie) égale à la moitié de la saumure, et des herbes aromatiques (thym, laurier, basilic, marjolaine, etc.). Laissez le tout infuser vingt-quatre heures, passez au tamis, et plongez-y le jambon avec tout le sel fondu mis au début : le jambon doit être complètement recouvert par le mélange et y rester de huit à quinze jours, suivant la température; puis il est retiré, égoutté, essuyé, et enveloppé dans un papier un peu fort. Pendez-le alors dans le haut de la cheminée, à droite ou à gauche, pour qu'il ne s'enflamme pas si on fait du feu un peu vif, et laissez-l'y de dix jours à un mois, suivant la hauteur de la cheminée, et le feu qu'on y fait habituellement.

Le jambon fumé peut se conserver un an, pourvu qu'il soit suspendu dans un endroit sec, frais et suffisamment aéré.

2. — *La cuisson d'un jambon.* — Le jambon est un aliment sain et agréable, mais il est nécessaire qu'il soit *bien cuit.* Le porc mal cuit est susceptible de donner une maladie très grave, la *trichinose.*

Pesez le jambon : faites-le tremper vingt-quatre heures dans de l'eau froide, pour le dessaler; lavez-le, nouez-le dans un vieux linge blanc et mettez-le dans un chaudron assez grand pour qu'il soit recouvert d'eau. Ajoutez deux gros oignons piqués de clous de girofle, du thym, des feuilles de laurier, du persil, beaucoup de poivre en grains, des carottes et du basilic.

Mettez sur un feu vif et *faites bouillir une demi-heure par livre.* Ajoutez de nouveau de l'eau bouillante pour tenir le jambon toujours couvert d'eau.

Le jambon cuit et chaud est posé sur une table, la peau en dessous. On fait une incision et on retire les os. Le jambon est alors placé sur un linge blanc, dans une terrine proportionnée à sa taille (toujours la peau en dessous), on rabat les coins du linge par dessus, on pose sur le tout une planche que l'on charge de poids (dix-huit à vingt kilos au moins). On laisse refroidir ainsi, et on démoule après douze heures.

3. — *Comment on fait un pâté.* — On peut faire toutes sortes de pâtés : pâté de gibier, pâté de poisson, pâté de volaille, etc. Nous donnons ici une recette qui convient surtout aux bourses modestes.

Coupez en tranches minces du bœuf, du veau et du porc en quantités égales, par exemple un kilogramme de chaque sorte. Joignez-y, à volonté, cent vingt-cinq grammes (pour trois kilogrammes de viande) d'anchois et d'herbes fines.

Disposez alternativement dans une terrine à couvercle une couche de veau, une de lard, une de bœuf, puis les anchois et herbes fines; arrosez avec un demi-verre d'eau et de vin blanc; couvrez avec un pied de veau (désossé), fermez la terrine et faites cuire au four.

QUESTIONS ORALES : 1. Quel procédé peut-on employer à la campagne pour fumer un jambon? — 2. Comment s'y prend-on pour cuire un jambon? — 3. Quels sont les principaux pâtés que l'on peut faire? — Donnez une recette économique pour faire un pâté de diverses viandes.

DEVOIR ÉCRIT. — Vous raconterez brièvement la manière de fumer un jambon et de le faire cuire.

DIX-HUITIÈME LEÇON

La volaille.

1. — *Utilisation de la volaille.* — La volaille constitue une nourriture fort saine et très agréable. La viande est légère à la digestion, suffisamment nourrissante et d'un goût délicat, surtout si elle est un peu grasse.

La viande de volaille convient surtout aux personnes dont l'estomac est malade et aux convalescents. La volaille rôtie et refroidie est aussi bonne que la volaille chaude; parfois même, surtout en été, on préfère la manger ainsi.

On reconnaît qu'un poulet est bon à rôtir lorsqu'il est gras, c'est-à-dire lorsque les filets placés le long du sternum sont épais et charnus, lorsque sa chair est blanche, la peau fine et bien tendue. Il faut aussi que les ergots soient peu développés et que l'os du bréchet soit souple sous le doigt quand on essaye de le dresser; alors le poulet est jeune et tendre.

Cependant une volaille peut n'avoir pas tous ces caractères et être bonne cependant. Par exemple, une poule qui a donné beaucoup d'œufs n'est pas tendre, mais elle

Fig. 41. — Le poulet bouilli.

peut être grasse et fine de chair. Quand on la fait bouillir comme viande de pot-au-feu, elle fait un bon bouillon, puis elle est agréable à manger comme bouilli.

2. — *Préparation d'un poulet à cuire.* — Pour préparer un poulet à cuire, on le plume en commençant par le ventre, puis le dos, puis les ailes, le cou, les pattes. On prend garde de ne pas déchirer la chair en tirant les plumes. Les grosses plumes enlevées, on enlève tout le duvet; ensuite on allume un feu clair avec une flamme vive (un peu de papier enflammé suffit), et on passe le poulet au-dessus de cette flamme, ce qui achève de détruire le moindre duvet; mais on veille à ne pas brûler ni même noircir la peau.

Ensuite on présente les pattes à la flamme et on les laisse griller un peu, ce qui permet d'en détacher la grosse peau écailleuse dont elles sont revêtues. On arrache les ongles, et enfin on sépare les pattes des cuisses en les incisant à l'endroit de l'articulation.

Pour vider la volaille, on fait une incision le long d'une cuisse, et c'est par là qu'on tire les intestins, en ayant soin de ne pas crever le fiel, ce qui donnerait un goût détestable au poulet. Si cet accident arrivait, aussitôt on laverait l'intérieur de la bête et on la frotterait avec un jus de citron. On met de côté le gésier et le foie ; on vide et on retourne le gésier, que l'on met cuire dans l'intérieur du poulet, si on le fait rôtir, ou qu'on joint aux morceaux du poulet, si celui-ci a été découpé pour être mis en sauce.

3. — *Trousser un poulet.* — Quand on veut faire rôtir un poulet, on le dispose d'une certaine manière, et l'on dit qu'on le *trousse.* Pour *trousser* un poulet, on retourne les ailes de manière que les ailerons soient bien à plat sur le dos; on ramène la tête du poulet en arrière et on l'applique sur le dos. On ficelle ensuite le tout avec une ficelle fine, et on s'arrange de manière à ce que le poulet ait une jolie forme bien arrondie.

4. — *Poulet rôti.* — Le poulet étant plumé, flambé,

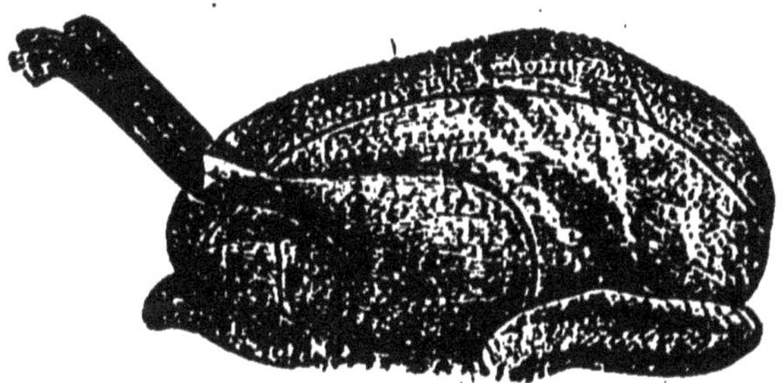

Fig. 42. — Le poulet rôti.

vidé, troussé et bridé, on l'embroche dans le sens de la longueur, et on le fait rôtir soit à la broche devant un feu vif, soit dans le four. On a soin de l'arroser souvent pour qu'il ne se dessèche pas; on le sale un peu avant de le servir et on ne l'arrose plus.

Pour qu'une volaille soit bien cuite, on compte qu'il faut une demi-heure de cuisson par livre de volaille.

Pour servir le poulet rôti, on le débride, c'est-à-dire

qu'on coupe les ficelles qui l'attachaient, et on le pose sur un plat long, le dos contre le fond du plat. Si on l'en-

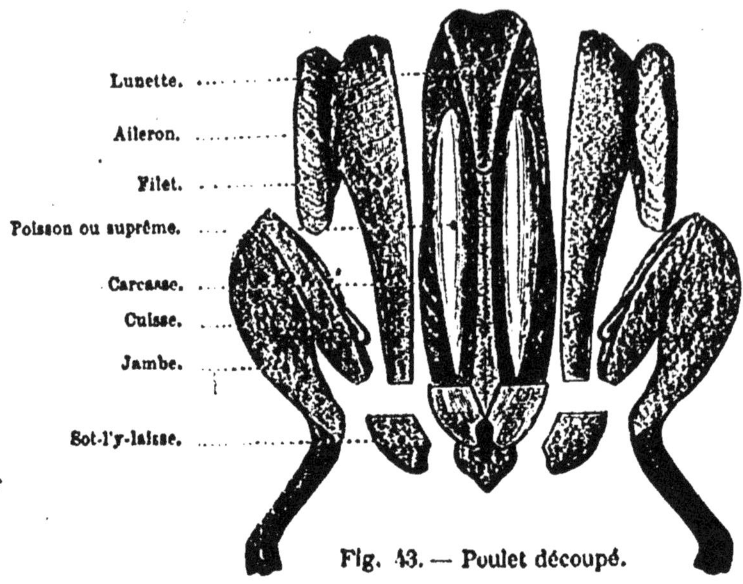

Fig. 43. — Poulet découpé.

toure de cresson, l'aspect en est plus appétissant. Le jus se sert à part, dans une saucière.

5. — *Fricassée de poulet.* — On découpe le poulet en dix-huit morceaux, soit : les deux ailes en *quatre* morceaux ; les deux cuisses en *quatre* morceaux ; la carcasse (dos) en *deux* morceaux ; la carcasse (sternum) en *deux* morceaux ; le *cou ;* la *tête ;* les *deux pattes, foie, gésier.*

On fait revenir assez légèrement ces morceaux dans une casserole ; on saupoudre d'un peu de farine ; on laisse prendre couleur ; on ajoute eau nécessaire, petits oignons ou champignons, bouquet garni, sel et poivre. On laisse cuire à feu moyen pendant une heure à peu près.

6. — *Poulet au blanc.* — On découpe le poulet de la manière indiquée ci-dessus ; on jette les morceaux dans de l'eau bouillante, sur le feu, et on les y laisse cinq

minutes. On les retire et on les laisse refroidir dans cette eau; ensuite on prépare une sauce blanche et on les y met pour achever la cuisson, en ajoutant quelques petits oignons blancs. On laisse cuire à feu doux pendant une bonne heure. Avant de servir, on ajoute un filet de vinaigre ou un jus de citron, et on lie la sauce avec un jaune d'œuf.

QUESTIONS ORALES : 1. La volaille constitue-t-elle une bonne nourriture? A quoi reconnaît-on une bonne volaille? — 2. Comment prépare-t-on un poulet à faire cuire? — 3. Qu'est-ce que trousser une volaille? — 4. Comment fait-on rôtir un poulet? — 5. Comment fait-on une fricassée de poulet? — 9. Comment prépare-t-on un poulet au blanc?

DEVOIR ÉCRIT. — Pourquoi la viande de volaille est-elle meilleure dans certains cas que la viande de boucherie, et de quelle façon vaut-il mieux l'apprêter pour un malade?

DIX-NEUVIÈME LEÇON

Le poisson.

1. — *Le poisson de bonne qualité.* — Le poisson est un bon aliment qui convient à presque tout le monde;

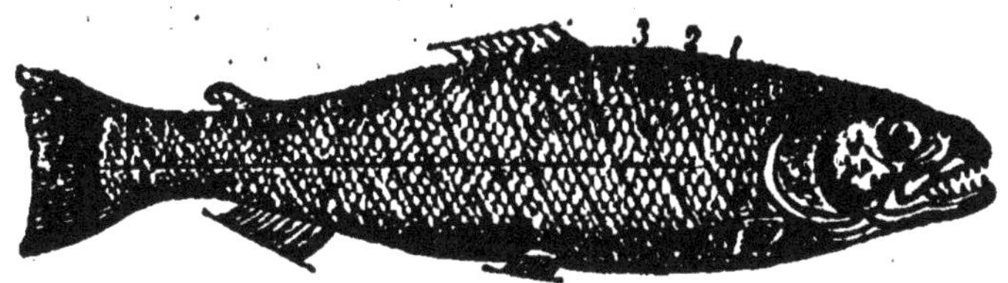

Fig. 44. — Le saumon.

mais il n'est agréable et sain que s'il est parfaitement frais.

On reconnait que le poisson est frais lorsque ses yeux

sont clairs, ses écailles brillantes et lorsque son odeur n'est pas forte.

Il est d'usage aussi d'examiner les ouïes du poisson pour connaître son degré de fraîcheur : si les ouïes sont rouges et saignantes, le poisson est frais. Mais il arrive

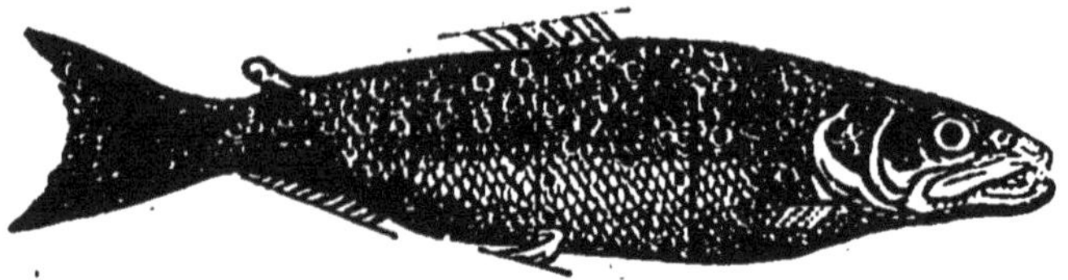

Fig. 45. — La truite.

que des marchands peu scrupuleux colorent artificiellement, avec du sang d'agneau ou de veau, les ouïes de fraîcheur douteuse. C'est pourquoi ce signe n'est pas toujours infaillible.

2. — *Cuisson du poisson.* — Le poisson peut être cuit de quatre manières différentes : on le met *sur le*

Fig. 46. — Le bar.

gril, on le fait frire *à la poêle*, on le fait bouillir *à l'eau simple*, on le fait cuire dans une sauce ou dans un *court-bouillon*.

3. — *Poisson sur le gril.* — On fait cuire sur le gril soit des poissons de dimension moyenne, qu'on y place tout entiers : maquereaux, sardines, petits mulets,

petites truites, etc., soit des tranches de gros poissons : alose, saumon, etc.

Quand on veut faire cuire un poisson sur le gril, on a soin de beurrer le poisson légèrement à la surface afin qu'il ne noircisse pas, qu'il ne se brûle pas. On le sale avec du sel fin avant de le servir. Généralement le poisson grillé est accompagné d'une sauce verte servie dans une saucière, ou d'une sauce maître-d'hôtel mise dans le plat. Cette sauce maître-d'hôtel n'est que du beurre frais, manié avec du persil haché, et qu'on met au fond du plat *chaud* dans lequel le poisson est déposé au moment où on le sert.

4. — *Poisson frit.* — On ne fait frire dans la poêle

Fig. 47. — Poissonnière.

que les très petits poissons, ceux qui composent, comme on dit, une friture. Tels sont les goujons, les éperlans et certains autres petits poissons d'eau douce.

La vraie et bonne manière de préparer la friture de poisson, c'est d'employer de l'huile plutôt que de la graisse ou du beurre. Alors le poisson est doré, croustillant, agréable à manger. Pour l'obtenir ainsi, on le fait frire en pleine friture, c'est-à-dire avec beaucoup plus d'huile (ou de graisse) qu'il n'en faut rigoureusement, mais de manière qu'il soit entièrement plongé dans le liquide. Celui-ci doit être très chaud, afin de *saisir* le poisson dès qu'il y est plongé, mais pas assez cependant pour le noircir. Pour reconnaître le degré de chaleur du liquide, on attend qu'il s'en élève une petite fumée; alors on y jette un petit morceau de mie de pain. S'il se dore à point, la friture est prête et peut recevoir le poisson. Celui-ci aura été préalablement bien essuyé, de manière à ne conserver aucune humidité, ou, mieux, aura été roulé dans la farine, ce qui lui donnera, quand il sera frit, une enveloppe croustillante.

Fig. 48. — Poêle à frire.

Le poisson frit ne doit être salé que lorsqu'il est retiré de la friture et égoutté, car le sel ne fond ni dans l'huile ni dans la graisse chaude.

5. — *Poisson bouilli.* — Le poisson bouilli n'est bon que s'il est gros. Lorsqu'il est petit, il se réduit trop vite en charpie et devient désagréable.

On peut faire cuire à l'eau simple tous les gros poissons; mais ils sont meilleurs quand on les met dans un court-bouillon. Le court-bouillon est un composé d'eau ou vin blanc, vinaigre, bouquet garni, tranches d'oignon, gousse d'ail, clou de girofle, sel et poivre. Le poisson cuit dans le liquide ainsi préparé a un goût agréable, très relevé, qu'augmente encore la sauce qui l'accompagne, car on ne mange jamais sans sauce le poisson bouilli.

6. — *Sauces convenant aux poissons bouillis.* — Les sauces qui conviennent aux poissons bouillis sont : la mayonnaise, la rémoulade, la sauce verte, la hollandaise. La sauce se sert à part, dans la saucière, et le

poisson est placé tout entier dans un plat à peine creux, sur une serviette pliée en carré qui cache une planchette percée de trous; ainsi le poisson s'égoutte parfaitement.

Le turbot, le saumon, le brochet, les très grosses soles, etc., se préparent ainsi.

On fait plutôt cuire à la sauce au vin les grosses carpes et les dorades.

7. — *Les crustacés comestibles.* — Il y a beaucoup

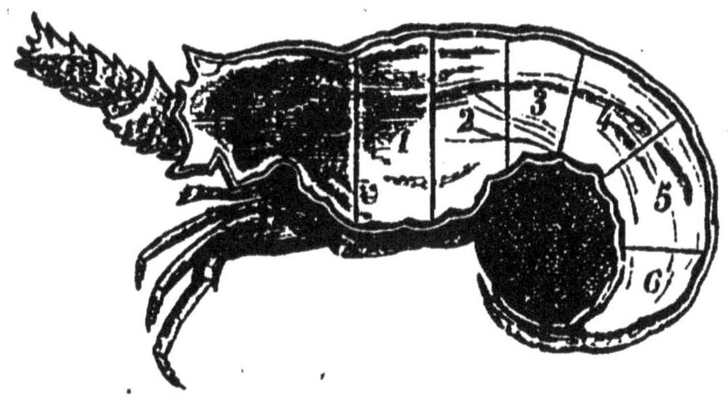

Fig. 40. — Le homard. — Les numéros indiquent l'ordre à suivre pour découper.

de crustacés comestibles ; les principaux sont le homard, la langouste, l'écrevisse, la crevette.

On les prépare bouillis dans un court-bouillon, et on les mange accompagnés d'une des sauces que nous avons indiquées pour le poisson bouilli.

Pour faire cuire le homard et la langouste, on les trousse, c'est-à-dire qu'on les ficelle fortement pour retenir leurs pattes qui se briseraient pendant la cuisson, car ces animaux, étant vivants quand on les met à cuire, s'agitent encore quelques secondes dans le récipient où on les place.

8. — *Ce qu'on doit faire avant de faire cuire les crustacés.* — Il est d'un bon usage (malgré ce qu'en disent certains livres de cuisine) de les immerger tout de suite dans le liquide bouillant afin de ne pas pro-

longer le supplice que la cuisinière leur impose. On dit qu'ils sont moins fins, moins délicats, que s'ils sont mis dans le liquide froid et ensuite échauffé peu à peu sur le feu. Peu importe. Ce qui importe, c'est de ne pas faire souffrir inutilement ces malheureuses bêtes dont l'homme a le droit de se nourrir, mais qu'il n'a pas le droit de faire souffrir pour son pur agrément. Toutes les fois que l'homme est obligé de tuer un animal pour s'en nourrir, il doit le faire par les moyens les plus rapides et les moins douloureux pour la bête sacrifiée.

QUESTIONS ORALES : 1. A quoi reconnaît-on que le poisson est frais? — 2. De combien de manières peut-on le faire cuire? — 3. Comment fait-on cuire le poisson sur le gril? — 4. dans la friture? — 5. dans l'eau ou le court-bouillon? — 6. Quelles sont les sauces qui lui conviennent? Comment sert-on le poisson bouilli? — 7. Comment fait-on cuire les crustacés? — 8. Quelle est la règle qui doit présider à toute façon de tuer un animal pour le manger?

DEVOIR ÉCRIT. — Supposez que vous avez passé un mois au bord de la mer et que vous avez eu à y préparer souvent du poisson pour les repas de la famille.

Citez quelques poissons ou crustacés que vous avez préparés.

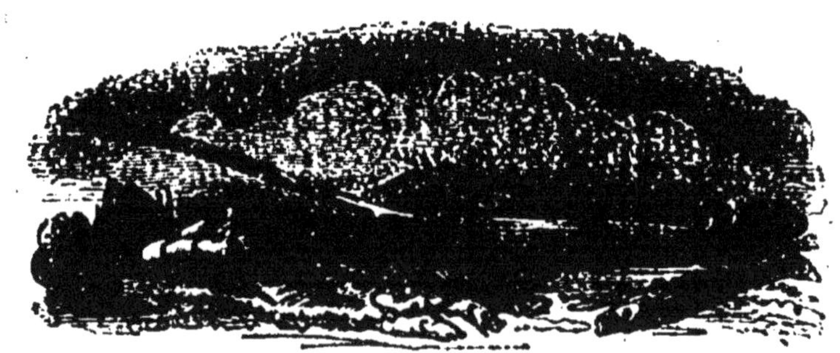

VINGTIÈME LEÇON

Les œufs.

1. — *Excellentes qualités des œufs.* — Les œufs sont, avec le lait, la base d'une nourriture excellente comme qualité et comme agrément; puis, ce qui n'est pas à dédaigner, comme économie. L'œuf est, par excellence, l'aliment complet, c'est-à-dire qui renferme tous les éléments propres à entretenir la vie et la santé, et même à faire croître le corps, lorsqu'il est donné aux jeunes enfants. C'est aussi l'alimentation par excellence des personnes souffrantes, à l'estomac fatigué, ou des convalescents dont le régime exige une nourriture fortifiante et légère. A tous ces titres, les œufs méritent de tenir une des premières places parmi les plus excellents produits alimentaires.

Mais l'œuf n'a ces bonnes qualités que s'il est parfaitement frais. On reconnaît qu'un œuf est frais lorsqu'il est lourd par rapport à son volume et transparent. Cette transparence n'est évidemment que relative, mais elle est suffisante pour qu'il soit aisé de la constater par le *mirage*. Pour *mirer* des œufs, on les prend l'un après l'autre et on les regarde en plaçant derrière l'œuf une vive lumière. Si l'intérieur de l'œuf apparaît opaque dans toutes ses parties, il est mauvais et doit être écarté de la consommation.

2. — *Plats préparés avec des œufs.* — On prépare avec les œufs des plats très différents; on a même pu compter jusqu'à plus de cent manières de les apprêter.

Mais, outre les plats proprement dits qu'on peut faire avec des œufs, il y a aussi bien des façons de les utiliser en cuisine en les alliant à d'autres substances. Il y a des soupes, des sauces, des ragoûts, des fritures, des entremets, des desserts, dans lesquels les œufs tiennent une grande place. Nous allons examiner quelques plats de ménage où ils jouent un rôle important.

3. — *Les œufs et les potages.* — Quand un potage gras ou maigre vous semble trop léger, pas assez nourrissant, pas assez savoureux, liez-le au moment de servir avec un ou plusieurs jaunes d'œufs (voir sixième leçon). Ainsi il acquerra une saveur agréable et sera bien plus substantiel.

Le *potage Colbert* est un potage julienne, servi sans pain, mais dans lequel on a fait *pocher* des œufs. Chaque convive reçoit dans son assiette un œuf *poché* qu'il ouvre du bout de sa cuiller. Le jaune de l'œuf se répand dans le bouillon qui est alors *lié*, et le blanc se mange à la cuiller, en morceaux, en même temps que le bouillon.

Le *potage velouté* se fait de la manière suivante : on met dans une soupière un bon morceau de beurre, trois ou quatre jaunes d'œufs. D'autre part, on fait du tapioca ou du vermicelle léger, simplement cuit avec de l'eau et un peu de sel. La cuisson terminée, on verse le potage dans la soupière *quand il est bouillant,* en remuant tout le temps les œufs et le beurre. Le mélange fait, le potage est parfaitement lié et d'un goût fort agréable.

4. — *Plats composés d'œufs seulement.* — Les *œufs à la coque* sont un aliment très sain et fort nutritif. Voici comment on s'y prend pour les faire cuire à point :

L'eau *bouillant à gros bouillons* dans une casserole, on y plonge les œufs et on retire aussitôt la casserole du feu. On la couvre et on laisse les œufs *dix minutes* dans cette eau. Ainsi quand on les sert, la glaire est *en lait,* c'est-à-dire blanche et liquide, au lieu d'être gluante comme quand ils ne sont pas assez cuits, ou dure comme quand ils le sont trop.

Il y a d'autres moyens de faire cuire les œufs à la coque, mais celui-ci est le plus simple et le plus sûr.

Les *œufs sur le plat* se font en cassant les œufs au-dessus d'un plat allant au feu et où se trouve du beurre fondu. On met le plat sur un feu doux, ou au four, après avoir ajouté sel et poivre. Les œufs sont cuits quand la glaire s'est solidifiée *un peu* sans s'être tout à fait durcie cependant.

5. — *Omelettes.* — On fait une omelette en cassant des œufs dans un récipient où on les bat vivement pour mêler le blanc et le jaune. On ajoute du sel et on verse le mélange dans une poêle où se trouve du beurre chaud. La poêle est replacée sur un feu vif. Quand le mélange prend consistance, on replie l'omelette sur elle-même une ou plusieurs fois et l'on sert aussitôt.

Fig. 50. Bat-œufs.

Il est impossible d'apprendre à faire les omelettes en lisant seulement la manière de les faire, ou même en regardant opérer une cuisinière. Il faut mettre soi-même la main à la pâte, comme on dit, car c'est surtout pour ce plat qu'il faut le tour de main que donnent l'habitude et la pratique.

On varie les omelettes en ajoutant aux œufs tels ou tels ingrédients : oseille crue et hachée pour l'omelette à l'oseille, fines herbes pour l'omelette aux fines herbes; champignons qu'on fait cuire doucement en tranches minces dans la poêle avant de verser les œufs dessus; pommes de terre qu'on fait cuire de cette même manière; pointes d'asperges, etc.

6. — *Œufs brouillés.* — Les œufs brouillés sont des œufs que l'on casse et qu'on bat comme pour une omelette et auxquels on ajoute beurre et lait. On les fait

cuire à feu très doux, en remuant toujours, jusqu'à ce qu'ils aient la consistance d'une crème épaisse. On peut y ajouter les mêmes ingrédients que ceux indiqués ci-dessus pour les omelettes.

7. — *Œufs durs.* — On les mange en salade, ou plutôt on les joint coupés en tranches à une salade de laitue, de céleri, de pommes de terre, etc. Pour les faire durcir, on les laisse bouillir un quart d'heure au moins dans l'eau. On les laisse refroidir avant de les dépouiller de leur coquille et les couper, sans quoi ils demeureraient trop mous.

8. — *Œufs frits.* — On les casse un à un dans une poêle où se trouve du beurre chaud. On fait cuire à feu vif, avec sel et poivre. La glaire doit se durcir et se griller un peu en-dessous. On les sert sur une sauce tomate ou une purée d'oseille.

9. — *Entremets aux œufs.* — Les *crèmes,* avec toutes leurs variétés, sont les entremets où les œufs tiennent la plus grande place. Pour préparer une crème, on fait bouillir le lait. D'autre part, on met dans un saladier des jaunes d'œufs, dans la proportion de six pour un litre de lait, avec le sucre en poudre nécessaire. Là-dessus on verse le lait chaud en remuant toujours avec une cuiller en bois. On remet ensuite le mélange dans la casserole, puis sur un feu doux où on le fait cuire en tournant toujours avec la cuiller. Quand on sent qu'il commence à épaissir, on le retire et on le verse dans un compotier.

Pour les *œufs à la neige,* on opère de la même manière; mais auparavant on a battu les blancs d'œufs pour les faire *monter,* et on les a fait cuire morceau par morceau dans le lait. Ils sont mis ensuite de côté, et la crème est décorée avec ces blancs.

Les *œufs au lait* se font à peu près comme la crème. On mélange blancs et jaunes avec du lait et on met le tout dans un moule qu'on plonge dans une casserole d'eau bouillante. Ainsi la crème cuit au bain-marie. Mais si on veut pouvoir la tirer du moule et la servir à part, on enduit le moule avec du caramel, qui n'est autre chose que du sucre brûlé. Alors la crème se reverse (d'où son nom de *crème renversée*) sur un plat, où elle prend la forme d'un gâteau.

On parfume les crèmes avec de la vanille, de la fleur d'oranger ou un zeste de citron.

QUESTIONS ORALES : 1. Parlez des excellentes qualités des œufs. — 2. Quels sont les plats qu'on peut préparer avec des œufs? — 3. Comment les œufs peuvent-ils être utilisés dans les potages? — 4. Parlez de quelques plats préparés uniquement avec des œufs. — 5. Comment fait-on une omelette? Comment varie-t-on les omelettes? — 6. Comment prépare-t-on les œufs brouillés? — 7. les œufs durs? — 8. les œufs frits? — 9. Quels sont les principaux entremets aux œufs?

DEVOIR ÉCRIT. — Parmi les différents plats que l'on prépare avec des œufs et du lait, lequel vous semble le plus pratique? Dites comment vous vous y prendriez pour le faire.

VINGT-UNIÈME LEÇON

Les légumes.

1. — *Les bons légumes.* — Selon certains hygiénistes, les légumes devraient être le fond de notre alimentation, et la viande n'y devrait tenir qu'une place moindre. Or c'est le contraire qui se fait généralement. C'est un tort, l'expérience ayant prouvé que la bonne santé se maintient par un usage abondant et continuel de légumes frais, tandis qu'elle s'altère assez vite par l'ingestion trop considérable et trop régulière de la viande.

Les légumes ont une influence très réelle sur le bon équilibre du corps. Mais, pour qu'ils exercent toute leur action bienfaisante, il faut qu'ils se présentent dans certaines conditions de maturité et de fraîcheur.

2. *Signes auxquels on reconnaît les bons légumes.* — Les bons légumes doivent être *très mûrs*, sans cependant l'être trop, ce qui se reconnaît quand ils ne présentent aucun des signes de déformation que leur inflige le trop de maturité : les petits pois doivent avoir

Fig. 51.

la cosse bien verte et non jaunissante; les choux doivent avoir le cœur blanc et dur, mais non s'élevant en pointe comme lorsqu'ils *montent*, selon l'expression courante, etc. Toutes les fois que les légumes sont trop mûrs, la graine qu'ils doivent produire est près de se montrer, et alors ils perdent de leur qualité.

Il faut aussi qu'ils soient *très frais*, ce qui se reconnaît à leur nuance bien nette, bien franche. L'épiderme ou la feuille ont un aspect brillant ; si on les casse, le jus apparaît aussitôt; le feuillage, les côtes, sont fermes, et l'odeur est agréable.

Quant aux légumes secs, s'ils sont trop vieux, ils se ratatinent, se rident, se dessèchent encore davantage et ne peuvent plus gonfler quand on les fait séjourner dans l'eau avant de les faire cuire.

3. — *Cuisson des légumes verts.* — Presque tous les légumes verts doivent être cuits à l'eau simplement salée avant de recevoir un assaisonnement quelconque. Haricots verts, choux, asperges, artichauts, oseille, etc., seront cuits d'abord de cette façon, après avoir été lavés plusieurs fois à l'eau froide. La durée de la cuisson est variable. On reconnaîtra que les artichauts sont cuits lorsqu'on peut détacher aisément les feuilles une à une ; que les haricots verts sont bons à être assaisonnés, lorsqu'ils mollissent sous le doigt ; de même pour les asperges, les choux, les choux-fleurs, les tomates. Pour être bons à retirer de l'eau, les épinards et l'oseille doivent avoir complètement changé d'aspect et sembler prêts à être réduits en purée.

4. — *Cuisson des légumes secs.* — Si l'on veut manger de bons légumes secs, haricots, lentilles, pois, il faut les mettre tremper dans l'eau froide, la veille du jour où on veut les faire cuire. Ainsi ils se gonflent d'eau, et leur cuisson est plus rapide, d'où économie de temps et de combustible.

Généralement on les fait cuire avec une poignée de sel, un oignon, un bouquet de persil; ensuite on les assaisonne selon les goûts. Pour qu'ils soient bien cuits, il faut qu'ils soient très tendres, très mûrs, mais non encore écrasés, sauf les pois cassés cependant, dont la purée se fait pour ainsi dire d'elle-même.

5. — *Cuisson des petits pois.* — Les *petits pois*, ou *pois verts* ou *pois sucrés*, ainsi nommés suivant les pays, se font cuire d'une manière spéciale. On les met dans une casserole avec du beurre frais, un ou deux petits oignons blancs, un cœur de laitue, un bouquet de

persil. On peut y ajouter un brin d'estragon, mais très peu. On sale un peu et on laisse cuire à petit feu. Ainsi ils rendent leur jus, qui, augmenté de celui des oignons et de la laitue, fournit une sauce suffisante. Si les pois ne sont pas très juteux, on ajoute un peu d'eau; mais il vaut mieux s'en passer.

Avant de servir, on goûte et on ajoute un peu de sucre si on ne les trouve pas assez sucrés. Quelques personnes y mêlent aussi un peu de crème ou font une liaison avec un jaune d'œuf.

Les *petits pois à l'anglaise* sont d'abord cuits à l'eau, comme les légumes secs, et ensuite sautés au beurre.

6. — *Assaisonnement des légumes verts.* — Les *haricots verts* peuvent être sautés au beurre, mis en salade, en sauce blanche.

Les *artichauts* et les *asperges* peuvent être servis au naturel, accompagnés d'une sauce vinaigrette ou d'une sauce blanche. On peut aussi farcir les artichauts, c'est-à-dire les emplir de farce après en avoir retiré le foin et les feuilles du milieu, quand ils ont été cuits à l'eau. Cette farce se compose de lard, persil, oignon, ail, mie de pain trempée dans du lait, le tout haché fin et bien amalgamé. Les artichauts ayant été emplis de cette préparation, on fait à part une sauce rousse un peu courte, on place les artichauts dans un plat allant au feu, on verse la sauce autour et on met au four ou dans une casserole bien fermée, sur un feu doux.

Les *épinards*, l'*oseille*, réduits en purée, sont assaisonnés au beurre frais, sel, poivre, un peu de crème, et laissés à feu doux jusqu'au moment d'être portés sur la table.

Le *céleri*, cuit à l'eau, est ensuite placé dans une sauce blanche ou rousse, de même que les salsifis. Mais généralement, il sert d'accompagnement à de la viande, comme les épinards et l'oseille. On le mange également cru.

Les *choux-fleurs*, cuits à l'eau, sont ensuite mangés soit en salade, soit en sauce blanche, soit au gratin. Pour le gratin, on les met en morceaux dans un plat avec du beurre; on les recouvre de chapelure et de fromage de gruyère, et on les met au four doux.

Les *tomates* sont cuites dans leur jus avec du beurre, ou farcies (voir la farce des artichauts), quand on les a creusées, salées, poivrées. On les met ensuite au four.

7. — *Assaisonnement des légumes secs.* — Quand les *légumes secs* sont cuits à l'étuvée, c'est-à-dire avec peu d'eau et servis avec cette eau, on se contente d'y ajouter un morceau de beurre frais avant de servir.

Quand ils sont cuits dans beaucoup d'eau et qu'on réserve cette eau pour faire du potage, on les en retire avec l'écumoire, on les fait égoutter dans la passoire et on les *saute* au beurre. On les sert avec le beurre où ils ont été sautés, et on jette par-dessus un peu de persil haché.

Nota. — Il y a encore des végétaux dont l'usage n'est pas aussi courant : champignons, cardons, aubergines, etc., et dont l'assaisonnement est tout spécial. Aussi n'en parlons-nous pas, car nous n'avons l'intention d'exposer ici que les notions de la cuisine la plus simple.

QUESTIONS ORALES : 1. Une nourriture exclusivement composée de légumes serait-elle saine? — 2. A quels signes reconnaît-on que les légumes sont bons à être consommés? — 3. Comment fait-on généralement cuire les légumes verts? — 4. les légumes secs? — 5. Comment prépare-t-on les petits pois? — 6. Comment assaisonne-t-on les haricots verts? les artichauts et les asperges? les épinards et l'oseille? le céleri et les salsifis? les choux-fleurs? les tomates? — 7. Comment assaisonne-t-on les légumes secs, cuits ou non cuits à l'étuvée?

DEVOIR ÉCRIT. — Supposez qu'une personne a dit devant vous qu'on ne pouvait avoir une alimentation bien variée si on ne se nourrissait que de légumes. Prouvez-lui par des exemples qu'elle se trompe et que les légumes peuvent être préparés de nombreuses façons.

VINGT-DEUXIÈME LEÇON

Le laitage.

1. — *Le lait.* — Voilà bien un des éléments les plus sains, en même temps que des plus agréables à employer dans l'alimentation. Mais il faut qu'il soit excellent, car le lait médiocre perd ses qualités nutritives.

On reconnait aisément le bon lait à son goût agréable, légèrement sucré, et à sa saveur douce sur la langue et les lèvres. On le reconnait aussi à sa couleur, qui doit être d'un blanc jaunâtre. S'il est d'un blanc tirant sur le bleu, il est falsifié, ou alors il est trop léger et perd ses propriétés naturelles.

Fig. 52. — Boîte à lait.

Quand on laisse reposer du lait de bonne qualité, on voit se former à sa surface un dépôt plus ou moins épais qui est la crème, partie essentielle du beurre. Plus le lait est chargé en crème, meilleur il est.

Le lait est la base de la nourriture des malades, des convalescents, des enfants, car il a les propriétés toniques et reconstituantes de la viande, et n'en a aucun des inconvénients. On peut vivre en se nourrissant presque exclusivement de lait. La dose pour les enfants délicats mis au régime lacté est d'un litre par jour; pour les adultes, de deux à trois litres.

2. — *Plats préparés avec du lait.* — Les plats que l'on prépare avec du lait sont nombreux. Ceux qu'on fait le plus souvent sont : la soupe au lait, — les crèmes, — le riz au lait, — le gâteau de riz.

La *soupe au lait* est tout simplement du lait bouillant qu'on verse sur des tranches de pain dans la soupière. Suivant les goûts, on y ajoute un peu de sel ou de sucre.

Les *crèmes* sont très variées. Elles sont toujours formées de jaunes d'œufs, de lait sucré et aromatisé soit avec de la vanille, soit avec du café, du chocolat, du citron. Elles sont liquides ou solides, et on leur donne les noms d'œufs au lait, crème cuite, flan, etc., suivant leur aspect.

Fig. 58. — La laiterie.

3. — *La crème.* — Voici la formule classique de la crème :

On fait bouillir le lait, qu'on a sucré et parfumé selon le goût. On met dans un saladier des jaunes d'œufs. On verse le lait peu à peu sur ces jaunes en remuant le mélange avec une cuiller en bois. Quand tout le lait est mêlé aux œufs, on verse le mélange dans une casserole allant au feu et on fait cuire en tournant doucement, sans discontinuer, dans le même sens, avec la cuiller. Dès qu'on sent la crème s'épaissir, elle est cuite.

Cette formule est celle de toutes les crèmes, mais on la modifie un peu suivant les espèces; par exemple, pour la crème au café, on emploie du café au lait au lieu de lait ordinaire; pour la crème au chocolat, du chocolat au lait. Pour la crème à la vanille, au citron, on fait bouillir dans le lait un morceau de zeste de citron ou un morceau de vanille.

4. — *Œufs à la neige.* — Pour faire des œufs à la neige, après avoir séparé les jaunes des blancs d'œufs comme pour la crème ordinaire, on bat les blancs avec une fourchette ou un fouet spécial, jusqu'à ce qu'ils soient durs. Alors le lait étant sur le feu, on y plonge les blancs d'œufs cuillerée par cuillerée pour les faire cuire, ce qui s'obtient en quelques minutes. Après les avoir retirés et disposés en couronne sur un plat, on achève la crème comme il est dit plus haut.

5. — *Flan.* — Le *flan* ou *crème renversée,* ou *crème au plat,* ou *crème cuite,* est une crème consistante, au lieu d'être liquide comme celle des œufs à la neige.

Après avoir préparé et mélangé le lait et les œufs, comme il est dit dans la formule classique de la crème, on verse le mélange dans un moule enduit intérieurement de caramel. On plonge le moule dans une casserole d'eau qu'on fait bouillir. La crème est cuite lorsqu'une paille peut y tenir droite. On la renverse alors sur un plat, où elle apparait avec la forme que lui a donnée le moule, et couverte de caramel.

Quand on veut faire la *crème au plat,* on verse le mélange dans un plat allant au feu et on met au four très doux.

6. — *Riz au lait.* — Le *riz au lait* s'obtient en faisant cuire le riz dans du lait sucré et parfumé soit à la vanille, soit au citron, soit à la fleur d'oranger, etc. On a soin de réserver une certaine quantité de lait, qu'on ajoute peu à peu au riz, à mesure que celui-ci gonfle.

On compte cent vingt-cinq grammes de riz pour un litre de lait.

7. — *Gâteau de riz.* — Le *gâteau de riz* se prépare d'abord de cette même manière, mais on fait le mélange plus épais et on emploie une demi-livre de riz pour un litre de lait. Quand il est cuit, on le retire du feu et on le laisse refroidir un peu. Alors on y mélange trois jaunes d'œufs. D'autre part, on bat les blancs en neige et on les incorpore au mélange. Le tout est versé dans un moule enduit de caramel. On fait cuire au four ou au bain-marie, comme il est dit pour le flan.

NOTA. — Pour les crèmes, on compte qu'il faut six jaunes d'œufs pour un litre de lait; mais pour la *crème au plat*, on peut n'en employer que quatre par litre de lait.

QUESTIONS ORALES : 1. Le lait est-il un aliment très sain? Justifiez votre réponse. — A quoi reconnaît-on que le lait est bon? — 2. Citez quelques plats qu'on prépare avec du lait. — Qu'est-ce que *la soupe au lait?* — 3. Donnez la formule la plus simple et la plus connue de la *crème.* — Comment fait-on la *crème au café?* à la *vanille?* au *chocolat?* — 4. Comment prépare-t-on les *œufs à la neige?* — 5. Qu'est-ce que le *flan?* Comment l'appelle-t-on encore? Comment le prépare-t-on? — 6. Comment prépare-t-on le riz au lait? — 7. le gâteau de riz? — Dites dans quelles proportions il faut employer le riz et le lait. — Dans quelles proportions faut-il employer le lait et les œufs pour les crèmes?

DEVOIR ÉCRIT. — Une de vos amies, qui habite la campagne, se plaint d'avoir chaque jour une provision de lait dont elle ne sait que faire. Dans une lettre, vous lui suggérerez quelques moyens de le bien employer.

VINGT-TROISIÈME LEÇON

Les fruits crus.

1. — Les fruits sont des aliments très sains lorsqu'ils sont bien mûrs. Ils sont bienfaisants à tout le monde, parce qu'ils constituent une nourriture rafraîchissante, qui compense heureusement les inconvénients que l'usage trop abondant des viandes et des sauces épicées provoque dans notre santé.

Les personnes d'un certain âge doivent ne pas craindre d'user de fruits bien mûrs, surtout de la pomme et du raisin, dont les qualités rafraîchissantes sont des plus favorables.

2. — *Fraise.* — La *fraise* doit être interdite aux personnes prédisposées aux maladies de peau, car elle augmente leur malaise; mais elle est plutôt bienfaisante pour les autres personnes.

On sert les fraises dans un compotier, après les avoir lavées, si l'on craint qu'elles soient souillées de sable ou de terre; mais cette opération de propreté leur enlève beaucoup de leur parfum. Aussi, à la campagne, les maîtresses de maison, qui cueillent elles-mêmes leurs fraises avec soin, les servent telles quelles, à moins qu'une pluie récente ne les ait couvertes de petits grains de sable. On enlève aux fraises la petite tige qui l'attachait à la plante, et on ne détache ce pédoncule que lorsque les fraises ont été lavées, si celles-ci ont besoin de ce nettoyage. Ainsi, elles sont moins affadies par l'eau.

On n'assaisonne pas les fraises avant de les présenter sur la table. Chacun les arrange à son goût dans son assiette. On place sur la table un sucrier empli de sucre en poudre destiné à les saupoudrer, soit qu'on les mange avec cela sans autre préparation, soit qu'on y ajoute du vin, du rhum, du cognac.

3. — *Cerises.* — Voilà des fruits très sains que l'on peut manger en abondance, sans en ressentir aucun mauvais effet. On les sert dans un compotier, rangées en pyramides ou disposées en petits bouquets faciles à saisir par chaque convive. Les cerises de Montmorency, les bigarreaux et les cerises anglaises sont les plus estimés.

4. — *Framboise, groseille.* — Ces fruits se servent comme la fraise au naturel, avec le sucrier auprès d'eux. En mélangeant, sans les écraser, fraises, framboises et groseilles (ces dernières débarrassées de leur tige, c'est-à-dire égrenées), on compose un dessert fort délicat et d'un agréable parfum.

5. — *Abricots, pêches, prunes.* — Ces fruits ne sont bons et sains que très mûrs. On les sert sur des assiettes, dont le fond est garni de feuilles de vigne. On prend garde que les fruits très mûrs ne se froissent pas en étant trop rapprochés les uns des autres, car, lorsque leur épiderme délicat est enlevé, ils perdent leur aspect agréable.

La pêche est meilleure encore lorsqu'on la saupoudre de sucre pulvérisé.

6. — *Raisin.* — C'est le fruit sain par excellence. On conseille même à certains malades de faire une *cure de raisin*, c'est-à-dire d'aller à la campagne en manger dans les vignes autant que leur estomac le leur permet. Sur nos tables, le raisin est servi au naturel, en belles grappes blondes, auxquelles on a le soin de laisser un peu de la tige et quelques feuilles. Le meilleur raisin est le chasselas doré.

7. — *Pomme, poire.* — Ce sont des fruits extrêmement précieux en hiver et qui sont aussi excellents à la

santé. Les pommes *calville* toutes côtelées, les *reinettes* à peau tachetée de brun, sont les meilleures. Parmi les poires, les diverses sortes de *duchesses* et les *berga-*

Fig. 54. — Le raisin.

motes sont fort estimées. On les sert dressées sur un lit de mousse ou de feuilles de vigne.

8. — *Fruits étrangers.* — Nous tirons des pays étrangers ou de nos colonies quelques excellents fruits : *oranges, bananes, ananas, dattes,* etc.

9. — Les *oranges* composent un agréable dessert en hiver. Elles sont excellentes pour les malades, à cause de la fraîcheur, de l'abondance et de l'innocuité de leur jus. Les meilleures oranges ont la peau fine et fortement colorée; elles sont lourdes et ne présentent aucune tare. C'est en février qu'elles atteignent leur point de perfection.

10. — Les *bananes* se servent séparées de leur tige ou *régime.* On les ouvre avec la pointe du couteau, elles se pèlent comme les figues. Leur chair d'un blanc jaunâtre rappelle le parfum combiné de la poire, de la fraise et de l'ananas.

L'*ananas* se sert tout entier sur la table, comme centre d'une corbeille de fruits variés. Pour l'apprêter, on l'emporte hors la table; on le pèle, on le coupe en tranches minces qu'on dispose dans un compotier profond, et on verse là-dessus une sauce préparée avec le jus qu'il a rendu sous le couteau, un peu de rhum, cognac ou kirsch et du sucre. Chaque convive reçoit une ou plusieurs tranches avec du jus. Pour le manger, on emploie le couteau et la cuiller à dessert.

Fig. 55. — L'ananas.

11. — L'ananas est encore plus fin lorsqu'une fois débité en tranches et arrosé de jus, on le fait tiédir dans une casserole sur le fourneau avant de le servir. Il constitue alors un excellent entremets.

QUESTIONS ORALES : 1. Les fruits sont-ils une nourriture saine? — 2. Que savez-vous sur la manière d'apprêter et de servir les *fraises?* — 3. les *cerises?* — 4. la *framboise* et la *groseille?* — 5. les *abricots, pêches, prunes?* — 6. Le raisin mérite-t-il une mention à part parmi les fruits? — 7. Quels services rendent les pommes, les poires? — Quelles sont les meilleures espèces? — 8. Citez quelques bons fruits étrangers. — 9. A quels signes reconnaît-on les bonnes oranges? — 10. Comment sert-on et mange-t-on les bananes? — 11. Comment se sert l'ananas? Comment peut-on le préparer?

DEVOIR ÉCRIT. — Une personne de votre famille qui a voyagé en Orient a dit devant vous que les fruits français sont bien inférieurs à ceux qu'elle a mangés au cours de ses voyages. Supposez que vous lui répondez et faites l'éloge des fruits de France, que vous trouvez les meilleurs et les plus sains.

VINGT-QUATRIÈME LEÇON

Les fruits cuits et les confitures.

1. — *Qualités des fruits.* — Les fruits crus sont bons et sains; mais les fruits cuits le sont davantage encore, parce que la cuisson leur fait perdre les quelques inconvénients qu'ils pourraient avoir. De plus, par la cuisson, ils acquièrent de véritables propriétés curatives. Certains fruits comme la pomme et le coing, par exemple, mis en marmelade, et mangés en petite quantité, ont une influence différente et très particulière sur la digestion.

Les fruits cuits constituent de la *compote,* de la *marmelade* ou de la *gelée.*

2. — *Marmelade.* — On emploie, pour faire de la marmelade, les fruits suivants : abricot, pêche, poire, pomme, prune, coing. On fait de la marmelade avec chacun de ces fruits, ou même des marmelades de tous fruits mélangés. La pomme et le coing, la pêche et l'abricot, la poire et la pomme, la prune et le coing vont bien ensemble.

Pour faire une marmelade, on choisit des fruits très mûrs, on les pèle s'ils sont propres à être pelés, comme la pomme, la poire, le coing. On les pèse et on les met dans une bassine avec un poids égal de sucre.

Trois heures après, la bassine est posée sur le feu avec un peu d'eau. On remue le mélange afin qu'il ne s'attache pas pendant la cuisson. On laisse cuire jusqu'à ce que le fruit soit parfaitement écrasé, et on met en pots.

3. — *Compote.* — Les fruits que l'on met en compote doivent ne pas s'écraser trop vite pendant la cuis-

son, et autant que possible être servis entiers, ce qui est d'un bien meilleur aspect. Aussi il y a des espèces spéciales qu'on choisit plus volontiers que les autres, et ce ne sont pas précisément les meilleures ou celles qui donnent les plus gros fruits. Les pommes, les poires, les pêches, les abricots, les coings, les prunes (fraîches ou en *pruneaux*), donnent d'excellentes compotes.

Pour faire la compote, on procède comme pour la marmelade. On pèle le fruit et on le laisse entier, s'il ne dépasse pas la grosseur d'un abricot ou d'une pêche

Fig. 56. — Fruitier portatif.
On peut superposer ainsi un certain nombre de boîtes : A, B; les petits taquets c, c, servent à assurer leur équilibre.

moyenne; s'il est plus gros, on le coupe par moitié ou par quartier. On fait cuire comme il est dit pour la marmelade, mais on a soin de ne pas remuer le fruit pendant la cuisson, pour qu'il ne s'écrase pas. Il est cuit lorsqu'on peut le traverser avec une paille, et lorsqu'il devient pour ainsi dire transparent. Alors on retire les fruits de la bassine un à un, avec une écumoire, et on les dresse sur un compotier. On laisse réduire le jus sur le feu pendant quelques minutes encore, puis on le verse sur les fruits.

La compote est parfois assaisonnée avec quelques cuillerées d'une liqueur qui en relève le goût. Par exemple, un peu d'anisette, un peu de kirsch, donnent à la compote de poires un goût délicat.

Dans la compote de pommes, on fait cuire un peu de

zeste (ou peau) de citron. La compote de poires est excellente préparée au vin rouge, de même que celle de pruneaux.

La compote est servie sur la table comme entremets, c'est-à-dire qu'on la mange immédiatement avant le dessert proprement dit. On la sert tiède, jamais tout à fait chaude, ni tout à fait froide. Cependant, en été, pour le goûter et le dessert en famille, on en fait à l'avance une assez grande quantité et on la mange froide.

4. — *Gelée.* — Les fruits qu'on emploie pour faire de la gelée sont ceux qui ont plus de jus que de chair (groseilles, framboises, coings), ou ceux dont on veut faire une confiture plus délicate et plus facile à conserver longtemps que la marmelade, laquelle fermente assez vite.

La gelée est une confiture de jus de fruits, tandis que la marmelade est surtout faite avec la pulpe ou chair de fruit mêlée au jus.

Pour faire de la gelée, on épluche les fruits en enlevant toutes les parties dures; on les met dans une bassine, sur un feu doux, où ils se ramollissent et rendent leur jus. Pour les pommes, poires, coings, on ajoute une très petite quantité d'eau dans le fonds de la bassine.

Quand ils ont rendu leur jus, on verse le tout sur un tamis de crin posé sur une terrine. On laisse égoutter et on peut même presser un peu les fruits avec une écumoire pour favoriser la coulée du jus, mais alors celui-ci est un peu trouble et la gelée sera moins belle.

Quand tout le jus est égoutté, on le pèse et on le remet dans une bassine avec un poids égal de sucre. On laisse cuire, on écume jusqu'à ce que le liquide ait bouilli trois à quatre minutes. Alors on retire du feu. On laisse refroidir quelques instants (car les pots en verre casseraient si l'on y mettait le sirop bouillant), et on verse le jus dans des vases à cet usage, en verre ou en porcelaine.

5. — *Observations.* — Pour obtenir de bonnes confitures, il faut n'employer que des ustensiles en cuivre; ne pas économiser le sucre; se servir d'un tamis de crin, et non d'un linge que l'on tord après y avoir mis les fruits, pour en recueillir le jus; fermer très hermétiquement les pots de confiture pour que l'air n'y puisse pénétrer. La fermeture des pots se fait d'abord avec une large rondelle de papier blanc fin et bien propre, qu'on imbibe d'eau-de-vie ou de rhum pour qu'il adhère bien à la gelée; ensuite avec un couvercle en gros papier, qu'on maintient avec une ficelle en serrant fortement, ou qu'on colle sur les bords du pot avec un peu de blanc d'œuf.

QUESTIONS ORALES : **1.** Quelles qualités particulières ont les fruits cuits? — Quelles sont les trois méthodes qu'on emploie pour les cuire? — **2.** Quels sont les fruits qu'on met en marmelade? — Comment fait-on la marmelade? — **3.** En quoi la compote diffère-t-elle de la marmelade? — Quels sont les fruits qu'on emploie le plus volontiers en compote? — Comment fait-on une compote? — Comment la sert-on? — Avec quoi peut-on la parfumer? — **4.** Quels sont les fruits qu'on emploie pour faire de la gelée? — **5.** Quelles sont les règles à suivre pour faire de bonnes confitures?

DEVOIR ÉCRIT. — Dites comment vous feriez : 1° de la marmelade de prunes; 2° de la compote d'abricots; 3° de la gelée de groseilles.

VINGT-CINQUIÈME LEÇON

Les conserves.

1. — *Utilité des conserves.* — Grâce à la science qu'elle a acquise dans la préparation des conserves, une bonne maîtresse de maison peut servir sur sa table, en toute saison, des légumes et des fruits d'été presque aussi bons que lorsqu'ils sont frais.

Il faut apprendre à conserver les légumes verts, non seulement à cause de l'agrément qu'on retire de ces préparations, mais encore à cause de l'économie qui en résulte. En effet, à la campagne ou dans les très petites villes, les légumes sont en abondance à certains moments et par conséquent très bon marché. On peut donc réaliser une économie, en les conservant pour la saison où l'on n'en trouvera plus sur le marché.

2. — Les légumes qu'on conserve sont les haricots verts, les haricots flageolets, les petits pois, les asperges, les fonds d'artichauts, les tomates. On fait aussi des conserves de purée d'oseille, de purée d'épinards, de purée de tomates. Cette dernière est réservée pour les sauces.

3. — *Préparation des conserves.* — Le procédé de conservation en vase clos est le plus répandu. Voici comment on procède :

On cueille d'abord les légumes le jour même où on veut les apprêter, afin qu'ils soient le plus frais possible au moment de la cuisson. On les lave avec soin et à plusieurs eaux. On en retire les tiges, les parties dures, tout ce qui n'est pas bon ; pour les haricots verts, on casse les deux extrémités dures de chaque haricot et on tire les fils qu'ils ont parfois de chaque côté. Bien entendu, on ne lave pas les petits pois écossés, ce qui les affadirait et leur enlèverait leur meilleur goût.

Cela fait, on les jette dans l'eau bouillante sur le feu pendant quelques minutes, et on les laisse blanchir. On emplit alors avec ces légumes les vases où on veut les garder. Ce sont ordinairement des boîtes en fer-blanc, dont le couvercle sera ensuite soudé tout autour, ou des bouteilles qui seront soigneusement bouchées et ficelées.

Les bouteilles ou les boîtes étant pleines, on verse par dessus les légumes une petite quantité d'eau bouillante non salée. On ferme avec le couvercle qu'on fait souder s'il s'agit de boîtes, et s'il s'agit de bouteilles, avec le bouchon, que l'on enfonce beaucoup et qu'on ficelle très fortement. Chaque bouteille est placée dans une poche en étoffe, serrée au goulot par une coulisse. Cette précaution a pour objet d'empêcher les bouteilles de se casser en se heurtant pendant la cuisson.

On les range debout dans un chaudron plein d'eau froide, de manière qu'elles plongent jusqu'au cou dans le liquide. S'il s'agit de boîtes en métal, celles-ci sont entièrement immergées.

On place alors le chaudron sur le feu, on fait bouillir le temps nécessaire. La cuisson achevée, on retire le chaudron du feu, ou bien on éteint le feu dessous. On laisse refroidir, et on ne retire de l'eau les bouteilles ou les boîtes que lorsque l'eau est tout à fait refroidie.

4. — *Durée de la cuisson.* — La cuisson n'est pas de la même durée pour tous les légumes. Pour les haricots verts ou blancs, pour les petits pois, on compte cinquante à soixante minutes; pour les asperges, une demi-heure; pour les fonds d'artichauts, une heure. Pour les tomates, une demi-heure à peine; vingt minutes si elles sont très mûres.

Ce temps est compté depuis l'instant précis où l'eau bout à forts bouillons.

5. — Quant à l'oseille, aux épinards, aux tomates que l'on conserve en purée, on fait cuire complètement ces légumes, et on les écrase avant d'en emplir les boîtes ou les bouteilles. Ensuite on laisse cuire une demi-heure encore, comme il est dit plus haut.

6. — *Conservation des champignons, spécialement des cèpes.* — On les brosse et on les essuie avec soin. On les plonge un à un dans l'eau bouillante pendant une minute. Quand on les retire, on les empile dans des boîtes en métal dont on fait souder le couvercle, et on les fait bouillir pendant trois heures comme il est dit plus haut.

Voici une seconde méthode de conservation des cèpes, mais moins économique que la précédente. — On essuie les cèpes et on les passe quelques moments sur un gril, au-dessus de braise peu ardente. A mesure qu'on les retire, on les pose sur un linge blanc, où ils rendent de l'eau. On les sale alors légèrement, et on les met dans des bocaux qu'on remplit entièrement de bonne huile.

7. — *Conservation de la viande de porc.* — La viande de porc est la seule que l'on conserve. On en fait des salaisons. Dans de grands *saloirs* en bois, on entasse les morceaux découpés de la viande qu'on veut garder. Elle est enfouie entre deux épaisses couches de sel marin. On peut la laisser ainsi très longtemps sans qu'elle se gâte. Quand on veut l'utiliser, on retire le morceau dont on a besoin, et on a soin de ramener du sel à sa place, afin que les autres morceaux soient toujours bien couverts.

La préparation du jambon a été indiquée page 154.

8. Toute viande qui a été salée doit être dessalée avant d'être employée dans la cuisine. Pour cela, on la

laisse tremper dans une terrine d'eau pendant le temps nécessaire pour qu'elle se dessale suffisamment. On renouvelle l'eau plusieurs fois si cela est nécessaire.

La viande qui reste peu de jours dans le sel est le *petit salé*. Le lard blanc est mis d'abord dans le sel, puis on l'en retire et on le suspend à l'abri du grand jour dans l'office, dans le garde-manger, où il se conserve un certain temps sans rancir.

9. — On peut aussi conserver les viandes en les exposant à la fumée de plantes aromatiques. Mais ce procédé, qui relève de l'industrie, nécessite une installation spéciale, et, par conséquent, nous n'avons simplement qu'à l'indiquer ici.

10. — *Le fruitier.* — Les provisions de fruits se conservent dans un fruitier : local sec, orienté vers le nord ou le nord-est. Après avoir laissé évaporer l'humidité qui recouvre les fruits, on les place sur un lit de paille ou de mousse bien sèches, et on les dispose par espèces sur des étagères en planches; ces fruits ne doivent pas se toucher. Afin qu'ils ne mûrissent pas trop rapidement, on maintient le fruitier dans l'obscurité. On veille à ce que l'humidité ne s'y introduise pas; si l'on en trouve des traces, il faut l'ouvrir par un temps sec pour activer l'évaporation; enlever les fruits pourris, puis refermer pour rétablir l'obscurité.

11. — Pour conserver les grappes de raisin, on introduit les sarments dans des fioles remplies d'eau dans laquelle on a mis de la poudre de charbon de bois ou du sulfate de fer. Mais avant cette opération on doit enlever, à l'aide d'une paire de ciseaux, les grains trop petits ou trop serrés. Les grappes de raisin ne se conservent pas dans le fruitier, elles y répandraient de l'humidité; d'ailleurs un peu de lumière ne leur nuit pas.

QUESTIONS ORALES : **1.** Pourquoi est-il bon de faire des conserves de légumes? — **2.** Quels sont les légumes que l'on conserve? — **3.** Quel est le procédé de conservation le plus connu? — Comment faut-il cueillir et nettoyer les légumes que l'on veut conserver? — Comment et où les fait-on cuire? — **4.** Combien faut-il de temps pour cuire les haricots verts ou blancs et les petits pois? — les asperges? — les fonds d'artichauts? — les tomates? — **5.** Comment procède-t-on pour l'oseille? — les épinards? — la purée de tomates? — **6.** Comment s'y prend-on pour conserver les champignons? Quels sont les deux modes employés pour conserver les cèpes? — **7.** Comment prépare-t-on la viande de porc dont on veut faire du petit salé? — **8.** Comment emploie-t-on en cuisine la viande qui a été salée? — **9.** Conserve-t-on des viandes par un autre procédé que la salaison? — **10.** Dans quelle condition doit-on établir le fruitier? — **11.** Comment conserve-t-on les grappes de raisin?

DEVOIR ÉCRIT. — Vous avez fait cette année une belle récolte de petits pois dans votre jardin. Vous n'avez pu les consommer tous dans le temps où ils étaient mûrs, et votre mère en a fait des conserves. Dites comment elle a fait, et raisonnez cette opération.

VINGT-SIXIÈME LEÇON

Les provisions pour la cuisine.

1. — *Règles à suivre pour faire les provisions.* — Il est utile de faire des provisions : c'est commode à la ville et c'est nécessaire à la campagne. Mais il faut les faire avec intelligence et habileté si l'on ne veut pas justifier le proverbe bien connu : *provision, c'est profusion.*

Pour bien s'approvisionner, il faut donc suivre les règles que voici : acheter quand il y a abondance sur le marché, afin de payer à bas prix; acheter en pleine bonne saison; augmenter le prix d'achat du prix de transport pour connaître le prix de revient; ne pas acheter plus que ne le comporte la consommation éventuelle maximum.

Il faut encore être sûre de pouvoir bien placer les provisions que l'on achètera, c'est-à-dire avoir une armoire, un endroit spécialement aménagé pour cela. Faute de cette armoire ou de cet endroit, les provisions se détériorent, s'altèrent ; il faut les jeter, et le bénéfice qu'on eût retiré de ces achats en gros est perdu.

2. — *L'armoire aux provisions.* C'est le plus souvent quelque ancienne armoire peu élégante qu'on a fait disposer pour servir à cette fin. D'autres fois, c'est une solide armoire en bois blanc ou en hêtre, qu'on installe dans la cuisine ou près de la cuisine, dans l'endroit qui sert d'office, faute d'une office spéciale.

Dans cette armoire, les provisions sont rangées avec un ordre symétrique, toujours le même, afin d'éviter les recherches. (Voir page 85.)

Si les provisions qu'on fait ne sont pas considérables, on peut n'avoir pas de placard et se suffire d'une boîte en bois blanc, divisée en plusieurs compartiments ; chacune de ces cases a un couvercle sur lequel est inscrit le nom de ce qui y est renfermé.

On place cette boîte dans un endroit sec et clair.

3. — *Vin.* — Le vin se conserve dans des bouteilles hermétiquement bouchées, et même cachetées à la cire s'il s'agit de vins fins. On le laisse dans la cave, les bouteilles empilées en des casiers adossés au mur et ne touchant pas le sol. On fait aussi des porte-bouteilles en métal galvanisé qui sont fort commodes. Le vin qu'on veut garder longtemps sans y toucher peut être laissé dans son fût, qu'on place avec la bonde de côté.

4. — *Café, Chocolat.* — Le café doit être tenu absolument *au sec.* La moindre humidité lui est néfaste ; il perd son arome et prend un très mauvais goût. Au

contraire, plus il est vieux et sec, meilleur il est, à la condition toutefois de n'avoir pas senti l'influence de l'air. On le conserve dans des bocaux en verre très hermétiquement clos. Les meilleurs cafés sont le moka, le café de la Martinique et celui de Bourbon. Le mélange de ces trois sortes est exquis.

Le chocolat doit être mis à l'abri de l'air comme le café et aussi comme le thé. Il ne faut pas en avoir chez soi une trop grande quantité à l'avance, parce qu'il perd toujours un peu de ses qualités en vieillissant.

5. — *Thé.* — Le thé noir est celui qui convient le mieux comme boisson de famille. Le thé vert est trop

Fig. 63 — A. Cafetière à filtre. — B. Cafetière de table. — C. Théière.

excitant. On conserve le thé dans des boîtes en métal bien fermées, *jamais autrement.*

Remarque : Ne pas le conserver dans le voisinage du café, dont l'odeur nuit au parfum du thé.

6. — *Sucre.* — Si l'on veut en faire une provision considérable, il faut l'acheter en pain et non cassé en petits morceaux. Ensuite on prend à la fois un tiers, un quart du pain, que l'on casse en petits morceaux, et on

enveloppe parfaitement dans du gros papier tout ce qui reste. Le sucre cassé pour les usages journaliers sera mis dans une boîte en métal ou mieux encore en bois.

7. — *Huile à manger.* — Elle sera tenue au frais, dans des bouteilles en verre ou en grès. Elle se conserve bien dans la cave.

8. — *Riz, pâtes d'Italie,* etc. — Les conserver au sec. L'humidité les rend immangeables. Au bout de six mois, ces produits ne valent plus rien.

9. — *Beurre salé, saindoux.* — Les placer dans des pots de grès, couverts en papier très épais. On les met au sec dans un endroit frais.

Les autres produits employés en cuisine, sel, épices, etc., sont d'usage journalier, qui se gardent au sec et enfermés. Il est certains produits comme le poivre, la cannelle, la muscade, dont il ne faut faire que de *très petites* provisions.

QUESTIONS ORALES : 1. Dans quel cas est-il utile ou nécessaire de faire des provisions? — Quelles sont les règles à suivre pour bien s'approvisionner? — 2. Comment doit être installée une armoire à provisions? — Comment peut-on faire, si l'on n'a pas d'armoire pour cet objet? — 3. Comment se conserve le vin? — 4. le café? — le chocolat? — 5. le thé? — Quelle remarque faut-il faire au sujet du café et du thé? — 6. Comment se conserve le sucre? — 7. l'huile à manger? — 8. le riz, les pâtes d'Italie? — 9. le beurre, le saindoux? — Quels sont les condiments dont il ne faut faire que de très petites provisions?

DEVOIR ÉCRIT. — Décrivez une armoire et une boîte à provisions bien installées.

CONCLUSION

Chères enfants, vous avez achevé l'étude de ce court *Manuel d'économie domestique et d'instruction ménagère*. Vous avez sans doute appris avec intérêt et retenu de votre mieux bien des choses indispensables à savoir, et qui concernent soit la conduite d'un ménage et la bonne tenue d'une maison, soit l'art de préparer les mets avec économie et rapidité.

Maintenant il s'agit de ne pas oublier ces conseils. Bien mieux, il faut perfectionner le peu que vous savez; et cela se fera en joignant la pratique à la théorie.

Écoutez encore quelques conseils, et faites-en votre profit.

Conservez avec soin ce petit livre. Placez-le chez vous, dans un endroit où vous l'aurez aisément à votre disposition, et consultez-le quand vous aurez à décider d'une emplette à faire, d'un travail à entreprendre, de tels ou tels soins se rapportant à la vie domestique.

Vous dites : « J'ai bonne mémoire. Je me rappellerai très bien. » Non, ne comptez pas si absolument sur la fidélité et la précision de vos souvenirs : à votre âge, ils s'effacent vite ou, tout au moins, ils ne demeurent qu'imparfaitement dans l'esprit. Revenez donc à votre petit livre comme à un bon conseiller dont l'exactitude et le zèle ne vous manqueront jamais. Puis faites ce qu'il vous dira : vous vous en trouverez bien.

L'autre conseil se rapporte au perfectionnement de votre éducation ménagère, commencée par l'étude de ce précis et les bonnes explications de votre maîtresse. Ici votre rôle est plus actif encore. Vous allez voir comment.

Vous avez auprès de vous, dans votre famille, une ou plusieurs parentes, mère, grand'mère, sœurs aînées ou cousines, dont l'expérience vous sera très précieuse. Souvent vous les entendez causer entre elles des travaux du ménage, émettre leur avis sur la manière de procéder en tel ou tel cas, fournir une recette nouvelle, expliquer un moyen pratique pour arriver à tel résultat en matière de blanchissage, d'entretien des meubles ou de cuisine. Ne vous contentez pas de les écouter. Ayez à votre disposition un petit carnet où vous inscrirez conseils, recettes, au fur et à mesure que vous les entendrez. Ou bien encore, notez ces renseignements sur une page blanche que vous glisserez entre les feuillets de votre *Manuel*, à la place où elle devra logiquement se trouver.

Par exemple, si l'on vous indique un moyen nouveau pour faire briller les parquets, notez-le et placez cette note à la page 19, nº 8. S'il s'agit de la préparation d'un plat nouveau, viande ou légume, glissez cette recette dans la leçon sur la cuisson de la viande ou des légumes. En un mot, faites votre profit de tout ce que vous entendrez, sans crainte d'embarrasser votre mémoire ou d'augmenter l'importance de votre *Manuel*.

Car l'économie domestique, et en particulier la cuisine, ne sont pas des sciences rigoureuses, absolument fixes et immuables, sauf dans leurs bases essentielles. L'expérience, l'intelligence, le zèle, l'imagination même de chaque personne y ajoutent toujours quelque chose; et ce quelque chose, recette, conseil, avis, pourra vous être précieux par la suite, quand vous en aurez contrôlé la valeur en l'appliquant.

Enfin il y a une troisième observation qui s'impose et qui sera la conclusion suprême de ce modeste petit livre.

L'économie domestique, telle qu'on vous l'a enseignée, est bien « une science de bonté et de charité », comme nous vous le disions dans la première leçon. Ne l'oubliez pas. Rappelez-vous que la ménagère ne sera vraiment *bonne ménagère* que si elle exerce ses fonctions avec affection, charité, dévouement envers ceux qui l'entourent. Rappelez-vous que d'elle surtout dépend le bonheur de toute la maisonnée. Enfin n'oubliez pas que les travaux matériels, et parfois d'aspect grossier, auxquels il lui faut se livrer seront ennoblis par le perpétuel souci qu'elle aura d'accomplir en les remplissant son devoir de chrétienne. Ils seront également sanctifiés par l'habitude qu'elle prendra de les offrir à Dieu comme une prière permanente. C'est surtout de la bonne ménagère chrétienne que l'on peut dire avec raison : « Qui travaille prie. »

TABLE

PREMIÈRE PARTIE

DEUXIÈME PARTIE

TABLE ALPHABÉTIQUE

30099. — Tours, impr. Mame.

www.ingramcontent.com/pod-product-compliance
Ingram Content Group UK Ltd.
Pitfield, Milton Keynes, MK11 3LW, UK
UKHW020455200726
13857UKWH00002B/724

9 782012 938618